Die Wirecard-Story:

Die Geschichte einer Milliarden-Lüge

歐陸最瘋狂金融風暴

威卡騙局

著 沃克・泰哈則伯格 Volker ter Haseborg
梅蘭妮・貝格曼 Melanie Bergermann

譯 彭意梅

〈推薦序〉

威卡告訴我們的事

林明樟（MJ）

一家成人色情微型企業，因為對商機的敏感，嗅出更有利可圖的電子帳務系統，從撥號器賺到第一桶金，天才研發人員的加入，開始用不太正派的方式竊取用戶額外的撥接費用，加上科技潮流的推波助瀾與投資人追捧，一路成長為德國股市甲級聯盟DAX三〇成分股，順風順水，直到二〇二〇年，威卡公司的帳上消失了白花花的現金十九億歐元，造成週轉不靈才東窗事發，股東們則損失了兩百億歐元。

這不是虛構的故事，而是德國DAX指數（全德最優秀的三十家上市企業）有史以來第一家申請破產的公司。威卡騙局，情節讀起來驚心動魄，高潮迭起。

讀這本書，不是要譴責那些非法的貪婪之徒，而是要提醒自己：之所以能存在那麼久，從內部到外部這麼多關係人都有機會也應該都能看到真實的數據（核心團隊、董監事會、會計師、稽核人員、上下游供應商與客戶……）為什麼還能藏得那麼久？為何視而不見？

每個大型弊案都有人性的貪婪、善良、恐懼與不得不的自我催眠元素，方能編織這個完美的騙局。

讀這本書，提醒我們不要低估了生活常識（Too good to be true），更提醒了自己要有獨立思考能力。

ＭＪ真誠推薦給喜好金融世界的您，請讀這本書，能幫助您在退潮之後，自己不會成為那位裸泳的人。

（本文作者為連續創業家暨兩岸三地上市公司指名度最高的頂尖財報職業講師）

出版者摘要

威卡事件是德國ＤＡＸ指數史上最大醜聞：消失的數十億、可疑的境外生意夥伴、捉摸不定的雙面經理人。長期擔任集團董事長的馬庫斯．伯朗鋃鐺入獄，前董事揚．馬薩雷克事發在逃。威卡不只讓監察人、調查人員、審計師出盡洋相，更讓身為金融中心的德國顏面盡失。怎麼會發生這種事？

梅蘭妮．貝格曼和沃克．泰哈則伯格一起追查這個問題。兩位《經濟週刊》記者多年來關注和評論威卡動向，期間建立起寶貴的情報人脈，現在從多個面向記錄威卡的故事。他們兩位最瞭解伯朗、馬薩雷克與鉅額金錢的瘋狂故事，德國記者中無人能出其右。

故事起於二〇〇〇年代初期，馬庫斯．伯朗用值得詬病的手段接收並掌管了威卡，將這家新創公司改造成活躍於全球的支付業者。但是威卡暴起之路上所做的交易與歷程充滿了疑點，包括公司被竊賊入侵，涉足性與博弈產業。雖想做正派生意，這方面業務卻毫無起色。

伯朗販賣德國科技之光的願景，說威卡可以成為國際支付業者中的特斯拉。他言詞誇大，訂定的目標越來越難達成。海外不可靠的生意夥伴為他帶來驚人的業績成長，而今天，這些生意是否曾經有過遭受到質疑。原該存有十九億歐元的帳戶裡一毛錢都沒有。伯朗做了許多預言，自己卻成為受預言驅使的人，對未來魯莽地投下賭注。他輸了。

梅蘭妮．貝格曼和沃克．泰哈則伯格寫出對威卡的獨特洞見，並探討這家公司如何編織出美好的網路成長故事，迷惑了所有人的眼睛。

媒體書評

兩位《經濟週刊》記者鉅細靡遺調查了德國戰後史上最大的金融醜聞。本書非旨在報復二十多年來把投資人、金融監管人、政治家，尤其是把審計師耍得團團轉的表面模範企業，而是一份深度的研究，對慕尼黑近郊一家公司如何謊稱出數十億利潤說明得有聲有色。

——商報 *Handelsblatt*

讀起來像犯罪小說，對眾多投資者而言，卻是他們一生中買到最貴的犯罪小說。

——漢堡晚報 *Hamburger Abendblatt*

舉凡金融公司奪下的頭條新聞數量，沒有一家企業能超越威卡，而且也從未見過如此離奇的轉折一而再、再而三出現。《經濟週刊》兩位記者在書中彙整了阿旭海姆金融服務商的事件，詳細陳述該公司從發跡至二〇二〇年七月破產造成天翻地覆的經過。

——慕尼黑晚報 *Abendzeitung München*

非常值得推薦閱讀。本書最主要的成就在於整理出新聞報導裡很少能說清楚的時間進程，因此更為精采刺激。

——finanz-szene.de

威卡事件簡直令人不可置信。雜亂無章的公司組織、杜撰的財務報表、不可信賴的參與者龍蛇混雜在一處，造成執法機關到今天都難以對案情有所突破。所幸作者為這團混亂注入了秩序。他們做了鉅細靡遺的調查，有系統又簡單明瞭地概述此件醜聞案，清楚地分開已知事實與單純的假設。成果是一段驚心動魄的德國金融史，獨留讀者瞠目結舌。

——getAbstract

令人毛骨聳然。

——週日世界報 *Welt am Sonntag*

讓人眼花撩亂的經濟犯罪！

——北德廣播電視新聞台 *NDR Info*

本書的出版為釐清這起事件的來龍去脈做出重要貢獻。長期為《經濟週刊》效力的作者從工作中受益，發表了一家德國金融科技企業迅速崛起的編年史。它從小型新創公司起家，後來成為（只有在文件上）價值數十億的ＤＡＸ集團，集團妄自尊大的老闆甚至訂定了收購德意志銀行的計畫。

——法蘭克福匯報 *Frankfurter Allgemeine Zeitung*

調查記者梅蘭妮．貝格曼與沃克．泰哈則伯格寫出一份細密的醜聞編年史，記錄了位於慕尼黑附近阿旭海姆前ＤＡＸ集團的興衰。警鐘打從一開始就一直伴隨著威卡及其前身。在警鈴大響的關鍵時刻也沒有人去正視，直到為時已晚。

——德國編輯網 *Redaktionsnetzwerk Deutschland*

《經濟週刊》*WirtschaftsWoche* 得獎記者貝格曼（Bergermann）、泰哈則柏格（Ter Haseborg）調查報導

本書內容均根據於作者的信賴來源，並盡其所知與良心經過仔細的調查與查證。對於書內所含訊息直接或間接的負面影響，出版商概不負責。直接或間接引用且未有其他記錄的文字段落，來自作者與相關人士之間的私下對話、電子郵件或其他書面交流。也包括作者在調查過程中獲得受訪者所提供的機密文件與書面證據。

目錄

登場人物

威卡經理人

馬庫斯・伯朗 Markus Braun：董事長與主要股東
揚・馬薩雷克 Jan Marsalek：業務董事
亞歷山大・封・克諾普 Alexander von Knoop：財務董事
蘇珊・史坦德 Susanne Steidl：產品董事
布克哈德・賴 Burkhard Ley：長年擔任財務長，離職後成為顧問
亞歷山大・赫布斯特 Alexander Herbst：第一任財務長
奧立佛・貝倫豪斯 Oliver Bellenhaus：杜拜負責人

埃多・庫尼亞萬 Edo Kurniawan：亞太地區會計主管

史帝芬・凱瑟 Stefan Kaiser*：成立初期的博弈業務經銷

布麗吉特・侯瑟—阿克斯特納 Brigitte Häuser-Axtner：後期的新加坡負責人

威卡監察人

湯瑪斯・艾希曼 Thomas Eichelmann

史蒂方・克雷斯提爾 Stefan Klestil

沃夫・馬提亞斯 Wulf Matthias

安娜絲塔西亞・勞特巴赫 Anastassia Lauterbach

烏依絲娃・V・麥可瓦本尼 Vuyiswa V. M'Cwabeni

威卡創辦人

保羅・鮑爾—許利希特果爾 Paul Bauer-Schlichtegroll

戴德雷夫・侯本拉德 Detlev Hoppenrath

投資人

貝恩德・孟策 Bernd Menzel

克勞斯・瑞尼 Klaus Rehnig（威卡監事會主席至二〇〇八年）

重要生意夥伴

詹姆士・亨利・歐蘇利文 James Henry O'Sullivan: Senjo

克里斯多夫・鮑爾 Christopher Bauer: PayEasy

佳寶・偉佳 Gabor Varga*: Al Alam

默罕納德 A Mohannad A.: Al Alam

顧問

阿布達拉・圖基 Abdallah Turki：中東地區業務窗口仲介

馬丁・歐斯特卡普 Martin Osterkamp*：公關顧問

評論者

丹・麥克倫 Dan McCrum：《金融時報》調查記者

伯恩哈特・默思，代號「吉嘎吉格」Bernhard Möls, »jigajig«：網路論壇評論者

湯馬士・柏格威特 Thomas Borgwerth：財報專家

托比亞斯・伯斯勒 Tobias Bosler：股市投機者

佛萊思・裴林 Fraser Perring：股市投機者

布魯斯・艾摩利 Bruce Emery、奧立佛・柯柏 Oliver Cobb、菲亞・迪麗琪亞 Fia Di Liscia: Greenvale Capital

巴比 Bobby：威卡員工，新加坡吹哨者

受託人

拉加拉南・山姆嘉拉南 Rajaratnam Shanmugaratnam：新加坡信託管理人

馬克・圖倫提諾 Mark Tolentino：馬尼拉信託管理人

監管人

菲力克斯・胡費爾德 Felix Hufeld：德國聯邦金融監管局（BaFin）局長

檢察官

希德嘉・博姆勒—胡瑟 Hildegard Bäumler-Hösl・・慕尼黑第一檢察署

破產管理人

米歇爾・亞飛 Michael Jaffé

*經編輯部更動，非真實姓名。

序曲

二〇二〇年六月十九日是伯朗在威卡股份有限公司的最後一天。他在這裡當家做主將近二十年，一手從無到有建立起一家市值十幾億的企業。但就在這個星期五，一切成了過往雲煙。

威卡總公司位於慕尼黑近郊的阿旭海姆（Aschheim），多位員工描述了當天近中午時分發生的事：集團的合規主任走進伯朗位於五樓的辦公室，對他說：「我被派來陪你離開公司。」合規主任負責確保威卡公司及員工的行為遵守法律規範。伯朗的神色有些不悅。時候已經到了嗎？

早上監事會才撤銷對伯朗的信任。他可以在辭職或是被開除之間做選擇。伯朗決定自行離去。

但他現在很訝異，他的公司，畢生的心血結晶，居然要以迅雷不及掩耳的速度甩掉他。他被告知不能帶走任何一件屬於公司的物品。

伯朗被帶出辦公室，走上通往電梯的走廊。一位資深女員工迎面而來。他說了一句話，大意是「別擔心，一切都會水落石出」，據說眼裡還噙著淚水。

電梯來到地下樓層。停車場一處私人車庫裡停著董事長專用的賓士邁巴赫公務車。伯朗必須交出公司通行證。他上了車，司機把車子開出停車場後，合規主任就封鎖了伯朗在威卡電腦系統中所有的登入資料。

沒了，一切都結束了。

阿旭海姆位於慕尼黑郊區，是個單調乏味的工業城鎮。威卡在此處發跡，逐步征服世界成為市值達十幾億的重量級集團，甚至一度超越德意志銀行，有點像全球金融工業中的特斯拉。光榮全歸功於老闆馬庫斯．伯朗，一個怪胎，上師，救世主。

威卡曾經是德國之光，證明德國不但會製造八汽缸引擎和機器，也能掌握數位技術。從二〇二〇年六月起，事實證明一切只是個巨大的幻影。威卡的帳戶裡短少了十九億歐元。這是這家企業五年多來的營業收益，但這筆鉅款並不存在。

威卡申請破產，它是德國ＤＡＸ指數有史以來第一家破產的公司。股東們共損失了兩百億歐元。

四個人因此被拘留審查，伯朗是其中之一。他長年的同事和密友正在潛逃。這位前威卡董事的照片被張貼在全國的廣告柱子上，國際刑警組織也發布了全球通緝令：揚・馬薩雷克，一九八〇年三月十五日出生於維也納，身高一百八十公分。

慕尼黑的檢察機關懷疑這些人在業務上從事合夥詐欺、侵占，並且操縱市場。他們憑空捏造營業額，為威卡的財務報表灌水。「為了讓公司看起來資金雄厚，吸引更多投資者和客戶青睞，以便定期從銀行和其他投資人身上獲取貸款。」這是慕尼黑檢察機關的看法。

被拘留在奧古斯堡附近加布林根（Gablingen）監獄的伯朗，透過律師「堅決否認所有對他的指控」。

威卡是一個詐欺上億元的故事。從一個色情行業的小型服務公司起家，迅速脫出污泥，和有名有姓的生意夥伴創造出驚人的利潤。

實際上，威卡執行的可疑交易一樁接著一樁，集團創辦人暨董事長伯朗給員工訂下不可能達成的目標。慕尼黑檢察官形容，這家集團內部階級森嚴，整個系統強調「團隊精神和效忠董事長」。之所以能存在這麼久，是因為很多人視而不見，包括員工、監事會、會計師、行政機關。

威卡的故事美到不真實。從一開始就是。

第1章 性，點閱，第一批不正當生意

一個特立獨行的商人加上一個異想天開的點子，威卡誕生了

夜店「喇叭」很少見到那麼多裸女，還有舞女在特地安裝的鋼管上扭動身軀。那天是二〇〇〇年十一月九日，成人雜誌《好色客》（*Hustler*）德文版的發行人為了慶祝「維納斯二〇〇〇」成人展，在演員班・貝克（Ben Becker）位於柏林的跳舞酒吧開派對，受邀的重量級來賓有烏多・林登貝格（Udo Lindenberg）和俱樂部主人貝克。

柏林八卦小報《柏林日報》（*Berliner Tageszeitung*）日後報導，這些女郎「剛開始還非常乖。但是夜越深，膽子越大，衣服也越少」。到了凌晨一點左右，「胸部警報」大響。當晚的口號是：「現在可以往喇叭裡好好吹氣了。」

這場活動主要想打響《好色客》在德國的名號；這本在美國創刊的雜誌特別受寂寞長途

貨運司機歡迎。現在，二十年之後，那天晚上和幾個那段時期發生的事，可視為一個更重大事件的歷史時刻：威卡股份有限公司的誕生。保羅・鮑爾—許利希特果爾創立了威卡，他是來自慕尼黑地區的商人，對很多方面事情抱持興趣。

高中畢業後，鮑爾沒有像同學一樣進大學就讀。他寧可上生命大學：去奈洛比（Nairobi）、聖保羅（Sān Paulo）旅行。回到德國後開公司做老闆。他似乎喜歡冒險，嘗試很多方面的生意。曾在杜塞爾多夫（Düsseldorf）開了一家活動顧問公司，然後把公司賣掉。從亞洲進口紡織品，並且常去美國尋找潮牌到德國銷售，滑板鞋品牌Vans就在他的代理之列。鮑爾能嗅出潮流走向，為自己帶來財富。

二〇〇〇年鮑爾三十七歲。有一頭濃密深棕色頭髮，皮膚曬成古銅色，還有一副運動員的好身材。當時的生意夥伴形容他從容自信，但是每次出現時總是有點喧鬧。許多那個時期認識他的人說：如果有什麼事不合鮑爾的意，他就會大聲說話，或是悶不吭聲地離開房間。

他是個行動派，不會花太多時間討論。「就像一隻裝了金頂鹼性電池的兔子。」一位以前的員工說，「有效率，並為人訂下行動方針。」

那時正是全球資訊網成長的年代。鮑里斯・貝克（Boris Becker）替網路公司美國在線（AOL）做廣告：「我進去了，就這麼簡單。」德國人追隨網球明星的腳步進入一個還很陌生的世界，設立了電子郵件信箱。跟網路多少有點關係的公司都發大財了。當時很受歡迎的搜索引擎雅虎，是從兩個大學生在六年前為朋友製作的網路目錄產生出來的，股值高達一千億美元。美國在線在與媒體公司時代華納（Time Warner）合併之前，股值達一千六百億美元。年輕科技公司只要跟資訊科技或是網路沾一點邊，就能經由股票上市輕易籌得百萬資金。他們需要的不過是一個點子。投資人很樂意跟在有大膽願景的酷公司後面撒錢，只要他們在網際網路上，或至少有一點點關係。

從成人產業到電子帳務生意

願景其實不是鮑爾的強項。他不想改變世界，也不想創造出二十年後還保留在人們記憶裡的東西。許多這時期的夥伴說，鮑爾甚至不願多花一秒鐘時間研究一個生意點子。他只想要賺錢。他覺得在網路上賣東西很吸引人，只是在當時還不太可能。提供店家和顧客安全服務的網路支付系統還在發展中或正在導入，標準的付費系統尚未成形。

性產業屬於第一批克服難關的行業之一。想要看付費影片或照片，只要在電腦上加裝所謂的撥號器。一般網路連線可以透過德國電信公司，但要瀏覽特定網頁就要撥打〇一九〇開頭的號碼。收費價格不是一般的每分鐘三到五芬尼，而是到每分鐘三點六三馬克。撥號器成了網路第一個通用的付款形式。雖然不能用來買鞋子或褲子，但是可以用在所有以分鐘計價的東西上，就像剛才提到的瀏覽成人網頁。

鮑爾看到了機會，並抓住了這個機會。一九九八年七月九日，他跟慕尼黑的一位公證人見面，創立了娛樂印刷媒體股份有限公司（EPM AG, Entertainment Print Media），隨後在慕尼黑商業註冊，註冊號碼一二二〇二六，公司地址在慕尼黑近郊的哈爾貝格摩斯（Hallbergmoos）。經營目的：「生產經銷各式媒體和娛樂產品」。商業登記的行政管理費用：一千兩百三十五點零五馬克。

鮑爾的公司位在一個醜陋的工業區內，距離慕尼黑機場不到七公里。當初的辦公大樓現在屬於一家飯店。

鮑爾公司為德國《好色客》取得商標使用權。這本成人雜誌在美國很有名，比《花花公子》更露骨低級，替創刊人賴瑞．佛林特（Larry Flynt）帶來萬貫家財，也讓他成為美國的傳奇人物。一九七八年一起攻擊事件造成他半身不遂，鍍金輪椅從此成為他的特有標誌。

鮑爾一年必須出版六本雜誌，這是取得商標使用權的條件。這門生意並不划算。一九九九年光是印刷費和回收未出售的雜誌就要支出一百六十萬馬克。「沒有一個員工會為了這本雜誌賣力。」一位草創期間為鮑爾工作的員工回憶道，「出版這本雜誌不過是為了能在網路上使用《好色客》商標的必要手段。」根據他們自己的廣告，德文《好色客》網頁是「網路上最辛辣的」，他們還擴充了如「硬核實況秀」和「美少女」的服務。

但是成人內容並不是生意的重點。鮑爾很快就看出，結算系統要比成人網頁更有潛力。色情行業蓬勃發展，鮑爾讓自己的集團設計專用撥號程式或是向外購買，然後提供給其他網頁使用。一位前工作人員說：「鮑爾有銷售天分，在商展上成功讓客戶相信我們是最大最好的公司。他的說服力無人能及。」集團核心業務於是更名為EBS（Electronic Billing System，電子帳務系統），並在之後完全停掉色情業務。

一位員工回憶：「鮑爾的書桌上夾著一個分鐘計時器，特別放在訪客看不到的地方。從螢幕上可以看到撥號器這一天已經計算了多少分鐘，從鮑爾的情緒也可以判讀這天的生意是好是壞。」

但是撥號器和它的發明者不久就步入歧途，遠遠逾越了合法範圍。

發明近詐欺伎倆的生意模式

在即將進入新世紀之前，一位程式設計師加入了團隊。他始終衣著得體，口帶英國腔。他被視為技術神童，不過問題也從他開始。自從這位四十二歲的工程師加入後，撥號器的技術更上一層樓，但手法也更形齷齪。

團隊正推出一種撥號器，它會在神不知鬼不覺中被網路用戶下載，從此祕密地用〇一九〇的號碼來取代用戶的一般網路連線。若不小心裝了這樣的撥號器，他在網路上的每一分鐘最多要付到三點六三馬克，即使他在網上找食譜也一樣，計費時間不再局限於瀏覽成人網頁。這筆生意獲利豐厚。用戶在收到電話費帳單的時候，才會發現他的電腦出了問題。到那時候，費用往往已累積到數百元，甚至上千。許多當時的員工說，「《好色客》和其他雜誌會附贈成人光碟，這些光碟裡面就有撥號器程式。只要把光碟放進電腦，程式就會跟著進入。」一位員工補充道：「最狡詐的是一次性撥號器，不是按分鐘數收取高額費用，而是直接在第一次網路連線時收費，最高達八百馬克。」如果用戶拒絕付費，「我們也不會強制。但是大部分人都會付費，大概是因為難於啟齒。」

這時期也發展出一種生意模式，在幾年後成為詐欺犯濫用的伎倆。ＥＢＳ公司開始將棘手生意轉移到合作公司身上。好幾年後跟這些合作公司的交易，將威卡推向破產一途。

起初這種合作模式沒什麼危險。ＥＢＳ讓新來的聰明程式設計師研發撥號器，並將撥號器的執照轉交給一家位於馬約卡島帕爾瑪市的公司，公司名叫柯洛斯基克（Crosskirk）。

柯洛斯基克經營自己的成人網頁，也銷售鮑爾團隊的撥號器。根據執照合約，柯洛斯基克必須將收入的百分之八十付給ＥＢＳ。好處顯而易見：如果撥號器以後出了麻煩，被其他公司用於非法用途時，ＥＢＳ的老闆可以全身而退，因為他們只提供軟體，不負任何責任。根據合約，柯洛斯基克免除所有可能向ＥＢＳ索賠的權利。還有，當時西班牙的法律不如德國的嚴謹。相關專業媒體都警告消費者要小心柯洛斯基克。消費者論壇上也充斥著抱怨聲浪。二〇〇一年三月亮點電視（Stern TV）對鮑爾團隊的撥號器製作報導。隨後有警察登門拜訪。公司仍舊照常營業，不受影響。二〇〇一年二月，ＥＢＳ平均每天能結算兩萬分鐘。同年八月份根據他們自己的報告，分鐘數已增加五倍之多。單單柯洛斯基克在二〇〇二年就有將近一千五百萬歐元的營業額。

他們不否認西班牙的合作夥伴是個潛在問題，稍後他們在一份有價證券說明書裡特別提到：「柯洛斯基克的支付系統並不完全符合電信技術自律協會（Freiwillige Selbstkontrolle Telekommunikation e.V.）的規定。」協會的會員承諾遵守一定的標準。他們透過協會自我管理，以規避更嚴格的法律。

不是只有鮑爾團隊用撥號器做不當生意，全德國都怨聲載道。法律必須配合現實情況做出調整。撥號器面臨出局的命運。

報表與數據一團糟

從一九九九年起，鮑爾的生意也涵括了其他付款方式，如信用卡、金融卡和支票。但是金額微不足道。

亞歷山大・赫布斯特（Alexander Herbst）在一九九九年底加入鮑爾團隊，當時三十四歲。他原本想接手母親的會計顧問公司，但是他覺得網路比翻閱法律條文更刺激。赫布斯特回憶到，一位熟人為他與鮑爾牽線，然後事情就神速進展。「我還清楚記得我是如何成為財務長的。我和鮑爾坐在他的辦公桌前，桌子中間有個電話擴音器，我們正在跟未來的監事會通話，監事會抱怨我們的報表和數據一團糟。鮑爾被問到：『到底誰是你們的財務長？』他低頭看著辦公桌，沉默了一陣子。公司並沒有財務長。然後他突然抬起頭看著我說：『對，沒錯，赫布斯特就是財務長。』」

這是個吃力不討好的工作。「大家都認為我很無能，因為我從來無法精確說出結算的金額到底有多少，八千萬，一億，還是一億兩千萬？整個行業裡沒人能說出準確數字。」EBS手中的數值，有時候跟顧客或是銀行手上的數值差距很大。赫布斯特認為，付費過程中如果連線中斷，有可能二次收費，或是只有單方面的交易記錄，這種情形並不少見，因此對我們而言隱藏著「很大的風險」。「我們有義務償還顧客，這樣在數值上才有一貫性，這不僅是大家所樂見，而且絕對必要。」

應當解決這個問題的人是二〇二〇年威卡醜聞的主嫌之一，並且因此坐牢的奧立佛・貝倫豪斯。當時他才二十歲出頭。赫布斯特把他從德國中央合作社銀行（Deutsche Zentral-

Genossenschaftsbank）挖角過來。

貝倫豪斯一頭金髮，才剛成年，當時的他一句英語也不會。有些人描寫他是「一個來自德國北威州（Nordrhein-Westfalen）安靜可靠的小夥子」，後來他建立起威卡銀行，是威卡崛起的大功臣。有些人特別記得他很自信，有時候態度有些不可一世，偏愛高速汽車。

赫布斯特說：「我們必須讓數字明朗化，監事會對我們施壓，因此我要求支付系統公司（Gesellschaft für Zahlungssysteme，簡稱 GZS）提供數據，這是銀行業者聯營的公司。結果送來了一塊棧板，上面堆了打洞的綠色白色紙張，約莫一公尺高。我把紙堆放在貝倫豪斯面前，祝他工作愉快。他必須找出問題所在和對治辦法。」

但是貝倫豪斯也一籌莫展。

每個數值看起來都是正確的，因為它正確反應了現有資料。這些資料儲存在支付過程中所有牽涉到的地方，但是不同參與方的資料有時候差距極大。這是技術人員要解決的問題，不是財務人員。

那時候的技術發展還不完備，支付過程也沒有完全數位化。「連線常常中斷，數據就消失了。」赫布斯特回憶道，「顧客的數字和我們的數字，有時候跟支付系統公司登記的數字差了十萬八千里。如果連線中斷，有可能支付手續已經通過我們的系統，但還沒有傳到支付系統公司。當時這個產業普遍遇到這樣的問題，不是只有我們才有問題。」

說的沒錯。其他的業內人士也曾指出，當時特別是銀行疲於應付網路結算的問題。鮑爾雖然是頂尖銷售員，不是程式設計師卻也是事實。鮑爾團隊所使用的系統不佳，因此更不可能成為國際支付交易中的佼佼者。

我們在這裡做個比較：那個時候PayPal早已成為美國支付商務的巨人。想在網路上使用PayPal支付，只需要登記一次電郵地址，並綁定一個銀行帳戶就可以了。此後用戶可以在任何一個接受PayPal為付款方式的網頁上用電郵地址和密碼付款。PayPal再從顧客的活期戶頭或是信用卡扣款。在二〇〇〇年六月，PayPal共有兩百二十萬用戶。

鮑爾的電子帳務系統卻相當迷你，就算在德國也稱不上一流企業。反而其他公司的網路支付系統比鮑爾團隊先進許多，其中一個離哈爾貝格摩斯不算太遠。

第2章 兩個奧地利人，一家新創公司

伯朗和馬薩雷克進入威卡

二〇二〇年七月一個星期一的午後，戴德雷夫・侯本拉德等候在慕尼黑郊區艾爾丁市（Erding）的快速鐵路車站上。他高高瘦瘦，動作不甚靈活，五十八歲，蓄著金色短髮，戴眼鏡，肌肉精實，身穿工作褲，很適合他的新公司。他們經銷露營爐具到八十多個國家，爐子是侯本拉德自己設計研發的。

但是這幾天侯本拉德更掛念威卡。沒有他，很可能就不會有早先叫線路卡（Wire Card），後來登上股市甲級聯盟ＤＡＸ指數的威卡公司（Wirecard）。

名字是他想出來的，他是線路卡股份有限公司的創辦人。也是他，任用伯朗擔任多年的董事長，並發掘了董事馬薩雷克。當他提起這段往事情緒就很激動，他說：「我最大的錯誤就是雇用了這兩個傢伙。」

侯本拉德請我們去老城的一家咖啡館，在室外找了一張桌子，點了一杯可樂加芬達，向我們述說他在一九九八年的生意點子。他跟鮑爾在同一時期都想到要開發一個能在網路上處理支付業務的軟體。他說：「銀行業當時完全沒有概念，也沒有計畫。」但侯本拉德有一個：他之前替美國企業Bowne Global Solutions的德國分公司工作，這家公司專門將軟體翻譯成不同語言。侯本拉德對網路很著迷，他已經擁有安全的網路傳輸技術專利，想自己成立一家公司。

一家創投公司投資四百萬馬克讓他實現自己的想法。侯本拉德雇用了幾個工程師，將他們安排在慕尼黑一家資訊科技公司的辦公室裡。他們研發「一個程式和一個系統來自動處理無現金購買程序」，這是針對專利DE 100 08 280 C1號的報告內容。

亦即一個軟體，可以讓信用卡公司、電商和客戶連結的介面。這個軟體可以把顧客在網上購物的付款資料傳給電商和信用卡組織，在最短的時間分析顧客是否有信用，是否確實付款。也就是說，它將信用卡連上網路，所以侯本拉德將公司命名為「線路卡」。後來這種公司有個固定名稱：支付服務供應商（Payment Service Provider），簡稱ＰＳＰ。侯本拉德說：「我們當時跑在非常前面。」至今他還是很驕傲。

侯本拉德當時的技術是將付款資料繼續傳輸出去。這還不夠。為了讓顧客在網上購物後能完成付款手續，把錢從顧客戶頭轉到電商戶頭還需要銀行轉帳，銀行業稱此種銀行為「收單銀行」（Acquirer）。侯本拉德爭取到美國花旗銀行為合作夥伴。「其他銀行都嘲笑我們。」

侯本拉德不久就雇用了三十多名職員，並搬進慕尼黑高級城區萊赫爾（Lehel）一棟古老建築物裡，位於伊薩（Isar）河邊，辦公室富麗堂皇。一位前員工追憶，當時的辦公室有挑高天花板和窗戶，牆上綴石膏花飾，地上是拼花地板，天花板吊著水晶燈。

今天這棟建築物外牆有繁複的鍍金裝飾，裡面進駐了一間整容外科醫生診所和一家保險公司。

侯本拉德跟鮑爾一樣是思想上的先驅，有能力打動其他人和潛在投資者。當他二〇〇〇年再度需要資金把系統發展完善時，爭取到卡帕資訊科技風險投資公司（Kappa IT Vertures）的投資者給了他數千萬馬克。

侯本拉德因此可以雇用更多的員工。新加入的一批員工裡有個年輕的奧地利人，才剛滿二十歲。他就是揚・馬薩雷克。

技術天才馬薩雷克加入

一九九〇年代結束的時候，馬薩雷克還是新堡修道院聯邦文理高中的學生，學校距離維也納市中心只有二十分鐘車程。他當時在新創公司Gentics Net.Solutions工作。這家新創公司的創辦人在一場學生活動中發現馬薩雷克是個有天分的程式設計師，兩人一拍即合，創立了一個網路商店，並尋求一個能處理支付手續的公司，最後找到侯本拉德。侯本拉德很想併購Gentics，但是被創辦人拒絕。

侯本拉德轉而延攬馬薩雷克，他當時尚未通過高中畢業考。侯本拉德說，馬薩雷克跟家人的關係緊張，想要離家。馬薩雷克是個程式天才，他跟Gentics創辦人一起設計出一個可以在手機上購物的應用軟體，這讓侯本拉德印象深刻。

馬薩雷克二〇〇〇年春季在慕尼黑走馬上任，擔任線路卡的「技術經理」，月薪約有九千馬克。同事形容這個瘦長，剃平頭，愛穿牛仔褲和T恤的年輕人為「小伙子」。他跟家裡的關係還是不好。如果他母親想知道他的近況，就會打電話給侯本拉德。

他當年的同事說，馬薩雷克一直沒有駕照，總是坐計程車到處跑。他是個開朗，教養好的年輕人，帶著維也納人典型的魅力，總是為女性開門，只在下班後展現另一面：他喜歡格鬥運動。

馬薩雷克在白天總是全心投入工作。爭取專案工作，用程式設計專業知識贏得侯本拉德的讚賞，不久就被擢升為技術總監（CTO），也就是總工程師。侯本拉德將專案Wire Card 2.0委託給馬薩雷克。侯本拉德今天表示，這個專案成功與否決定了當時公司的前途。線路卡的整個付款平台要重新設計。第一個版本「雜亂無章」，因為程式背後沒有一個計畫。2.0版本要讓線路卡速度更快，範圍更廣。侯本拉德定期聽取專案進度。馬薩雷克不斷向他保證，一切按照計畫進行。後來他卻發現專案「一無所成」，侯本拉德說，「馬薩雷克幾個月來都在騙他。」

一位馬薩雷克當時的資訊工程同事說：「專案根本無法如期完成。所有應該由馬薩雷克後續完成的，如管理工具、行政工具，都沒有到位。」

侯本拉德把馬薩雷克降職，但是沒有開除他。直到今天他還很氣自己做了這項決定。「我本來可以替很多人省下很多麻煩。」他感到深惡痛絕。

線路卡的創辦人是個前瞻者，但不是實踐家。他的員工從過去到現在都叫他「侯屁」。他自己說：「我那時毫無經驗可言。」

侯本拉德把精力用錯地方。他讓工程師一再研發程式，讓平台更趨完美，卻忘了公司也要賺錢，也要推銷平台。跟在哈爾貝格摩斯的鮑爾團隊不一樣，線路卡的員工太少對生意下功夫，對色情行業的客戶不屑一顧。公司裡很多員工都說，侯本拉德基本上排斥這群客戶。這是個很大的錯誤，至少對財務面來說是失策。

性服務業和線上博弈業者願意付高額費用給處理支付業務的公司；線路卡從第一批顧客如線上售票公司CTS Eventim和Spar超市賺來的錢，僅是鮑爾團隊的一小部分。

危機經理馬庫斯・伯朗

線路卡不久即將要燒盡千萬元資金。投資者開始焦躁不安，並要求侯本拉德尋求協助。董事長向畢馬威會計事務所（Klynveld Peat Marwick Goerdeler，簡稱 KPMG）求援，事務所於二〇〇〇年十月派出一位三十歲的奧地利人擔任危機經理，他名叫馬庫斯・伯朗。

伯朗曾在維也納大學就讀經濟資訊工程系，一九九〇年中期在一家企業顧問公司開始他第一份工作，同時撰寫博士論文。為了博士論文，他開發出一種可以預測電腦程式速度的模型。他的論文指導教授佳碧愛樂・克特西斯（Gabriele Kotsis）是林茨大學的資訊工程教授，她說：「這個題目挑戰極高，但是馬庫斯咬緊牙關克服困難。」克特西斯表示，他非常積極努力地做研究，所以頭部總是紅通通的。妹妹也是刺激他前進的動力。他妹妹讀法律系，不費吹灰之力就完成了學業，比伯朗更早拿到學位。「他的好勝心很強，因此在工作上獲得很高的評價。」他在企業顧問公司 Contrast Management Consulting 的第一個老闆威納・霍夫曼（Werner Hoffmann）也對他印象深刻：「當時就可以看出，伯朗一心只想往上爬。」

侯本拉德也很欣賞他，稱他「在專業上極為出色」。伯朗拯救了 Wire Card 2.0 專案計畫，讓侯本拉德喜不自勝，因為身邊出現一個可以解決問題的人。他延聘伯朗，任命他為線路卡的董事長，年收入大約是二十萬馬克。

伯朗在同事間卻沒有太多好評。他很孤僻，難以接近。一位當時的員工說：「伯朗在全體員工面前說話，聽起來就像是一個六年級學生上台做了一次失敗的報告。」伯朗試圖表現出平易近人的模樣，但總是不盡如人意。

伯朗不受新同事歡迎，大概是因為他上任的第一件事就是祭出節流計畫。侯本拉德必須開除許多老夥伴。馬薩雷克留了下來，不久之後就被公司內部稱為「伯朗的祕書」。一位前員工敘述，兩個奧地利人打從一開始就很談得來。

侯本拉德跟馬薩雷克的導師伯朗的關係卻迅速惡化。侯本拉德說：「從我的角度來看，他開始在挖我的牆角。」伯朗在他背後跟監事會和投資者聯絡。侯本拉德把伯朗召來彙報，並告誡他，「他默默聽了告誡，但還是我行我素。」線路卡的創辦者沒有本錢吵，只能忍氣吞聲。

公司急需投資者的新資金挹注，好維持公司的營運，偏偏遭逢最不適合尋求新融資的時機：二〇〇一年九一一恐怖攻擊後，全球上市公司的股價都下跌，炒作年輕新潮網路公司的趨勢嘎然而止。投資者紛紛變得謹慎。融資失敗，許多新創公司宣布破產。

侯本拉德和伯朗得面對公司的存續問題，情況看來不妙。

第3章 兩個男人，一個使命

鮑爾和伯朗同心協力投入博弈市場

伯朗站在線路卡股份有限公司會議室的桌邊，公司現已搬到阿旭海姆的辦公大樓。他看起來很緊張，不斷用手撓後腦杓（他的習慣動作）。他宣揚公司的優點，還帶了一個年輕人坐在他的右手邊助陣：馬薩雷克。事關重大，線路卡面臨存亡關頭。

二〇〇一年的這一天，桌子另一頭坐著EBS電子帳務系統的老闆鮑爾，負責財務的董事赫布斯特和鮑爾公司的會計師。伯朗和馬薩雷克做完報告之後，EBS的三個人走到門外。

赫布斯特回憶說：「每個人都很緊張，鮑爾和我抽了兩根菸，我們之中一直有人問：『現在怎麼辦，我們現在該怎麼辦？他們的技術非常有利於我們接下來的發展。』一個人說：『拜託，他們破產了，我們接收這家公司吧！』」

線路卡公司申請破產

二〇〇一年十月一日，鮑爾發了一張傳真給伯朗。鮑爾在傳真上寫著「很樂意」，確認「他有興趣投資／入夥／接手線路卡股份有限公司」。這張傳真標誌了兩個男人目的性結盟的開端。這兩個人南轅北轍：一邊是光鮮耀眼、有創意的EBS電子帳務系統創辦人鮑爾，公司有客戶，但是沒有技術成熟的支付平台，無法在蓬勃發展的網路商務上大撈一筆。另一邊是冷靜理性的伯朗，線路卡股份有限公司董事長，雖然產品技術領先，卻沒有客戶。這兩個人想要結盟。

他們只有一個問題：企業創辦人侯本拉德。根據侯本拉德的說法，他之前跟監事會以及董事長伯朗鬧翻了，尤其是因為伯朗要求他解雇許多員工。侯本拉德說：「這家公司不僅僅是一家公司，我有一半以上的朋友在這裡工作，而我必須開除他們。我坐在辦公桌前，哭得像一頭喪家犬。」他先解聘了他的朋友，然後他自己。二〇〇一年七月，他從董事會換到監事會。他反對把他的線路卡賣給鮑爾，但最終什麼也不能挽回。十月，他離開了監事會。

儘管如此，拯救線路卡股份有限公司的計畫最初還是失敗了，公司在二〇〇一年十一月二十三日登記破產。

侯本拉德在二〇〇二年一月向慕尼黑檢察署指控線路卡股份有限公司的董事會，因為他們有「破產詐欺嫌疑」。侯本拉德告訴調查人員，線路卡發生一起匪夷所思的竊賊入侵事件。二〇〇一年十一月二十日，伯朗和馬薩雷克在阿旭海姆辦公室的筆電被竊。筆電裡面有公司的重要資料，像是公司的資產。

「由於沒有暴力的痕跡，公司也沒有別的筆電被竊，可以推論是內賊所為。」侯本拉德在訴狀上寫道。他懷疑，「申請破產可能是為了讓線路卡以『不含附加費用的中性價位』轉讓給EBS股份有限公司，姑且不論動機為何。」控訴沒有成立，檢察機關在幾個月後中止調查。「這個嫌疑無憑無據。」伯朗的律師針對侯本拉德的指責解釋，「懷疑沒有獲得證實。」

二〇〇二年一月十六日EBS在一份新聞稿上宣布，「謹慎策畫的協議在法律上生效」，EBS和線路卡舊核心合併。

稍後，威卡在一份有價證券說明書上這麼描寫伯朗在這段期間的角色：他在線路卡股份有限公司的工作是「回鍋經理」，「陪伴線路卡一直到二〇〇二年一月破產程序開始執行」，並根據與EBS的協議，「負責繼續執行線路卡的理念」。

「我們當時的技術對未來的威卡而言是座金礦。」線路卡創辦人侯本拉德語帶苦澀，「只要碰到願意付高額費用的可疑客戶，這個關鍵技術保證能帶來很高的營業額。」

伯朗的團隊從線路卡在阿旭海姆的辦公室搬到位於哈爾貝格摩斯的EBS總部，伯朗與親信馬薩雷克在那裡共用一間辦公室，位置在公司最高樓層。馬薩雷克在這段期間被視為伯朗的助理。當時的金主回憶，他就像是個提公事包的人，「地位微不足道」。

目的性結盟大功告成，鮑爾和伯朗首先為共同事業打拚。儘管兩人天南地北大相逕庭，但因為角色定位明確而合作無間。鮑爾是老闆，公司所有人聽他指揮。如果他說：「好，現在所有人都到我辦公室來。」每個人必須立刻放下手邊的工作，就連伯朗也不例外。他是被接收的員工，只領導鮑爾王國內其中一個領域。如果伯朗想在會議上訓話，鮑爾會偶爾插上一句。一位這段時期的員工陳述，鮑爾對待伯朗就像對待一個員工一樣，但是很尊重他。「鮑爾喜歡把自己不感興趣的事情丟給伯朗，例如需要研讀小字條文的冗長談判，或是跟公司法相關的事務，鮑爾都討厭，這些工作就會交給伯朗。」技術細節呢？「也是伯朗要處理。」伯朗接受了這個角色。一位當時的同事說：「伯朗還需要利用鮑爾好幾年，他可以熬過這段時間。」

線路卡和ＥＢＳ結盟證明是一著絕妙好棋。二〇〇二年ＥＢＳ集團交出一張亮眼的成績單，營業額將近七千兩百萬歐元，稅前盈餘幾乎達到九百萬。鮑爾的客戶與伯朗的技術相得益彰。

但是好景不常，沒多久他們就遭遇第一次衝擊，也是公司公開承認的最後一次，在未來的十七年，他們公開的營業數據一路往上爬。撥號器在二〇〇三年被判了死刑。法律被修改得更嚴格，政府希望未來業者必須讓客戶更明瞭收費細節。這一行之所以會有驚人盈餘，是因為許多付費網頁的消費者通常太晚知道自己到底花了多少錢。這個漏洞將成為歷史。法律新規定尤其影響到性產業，因為他們多是用撥號器計費，而且在這段期間成了信用卡公司的箭靶：特定色情網頁上已不再能使用Visa和萬事達卡付款。

EBS集團也感受到這波壓力：二〇〇三年的營業額約四千五百萬歐元，相較於前一年下滑了百分之四十。鮑爾必須緊急拓展公司的商業型態。集團宣布：「為了彌補失去的交易量，電子帳務系統股份有限公司將加強招攬其他小眾市場客戶。」

進入線上博弈市場

在未來也占上一席之地的小眾市場是網路博弈，一個特別賺錢的商業領域。據美國專門的博弈市場顧問公司Christiansen Capital Advisors估計，二〇〇二年線上博弈公司在全球營業額高達四十億美元，這個數字還在兩年內翻倍成長。超過一半的營業額來自運動賭博。專家預測，經營線上撲克比賽公司的營業成長率最高。

「當時所有線上支付公司都想跟線上賭場做生意。」行業專家如是說：「博弈市場比色情行業還大，擁有更多轉帳業務。」

專精於博弈市場的支付公司業績直線成長，從加拿大公司 Neteller 身上可見一斑。這家公司後來搬到曼島，收入幾乎只來自線上博弈。根據 Neteller 二〇〇二年九月的報告，每個月的營業額尚稍低於九十萬美元，到了二〇〇三年十二月已達到四百三十萬。扣除直接跟轉帳相關費用，二〇〇三年還有超過百分之六十的毛利。

那時獨領風騷的（同樣也經營博弈市場支付）是美國大公司 PayPal。用電郵地址和密碼就能付款的簡單方式，吸引了越來越多使用者。

但是當時沒有人知道在網路上經營賭場合不合法。世界上大部分國家對博弈產業都有嚴格的法律規定，經營者需要持有營業執照。但是這些法律在以前是為了在當地設立賭場而設計，也針對經營者在本國境內開設博弈公司所制定，不是為了線上賭場。政府可以關閉不合法的賭窟，但遇到公司在加勒比海，卻在網路上讓德國賭客遊戲的情形該怎麼管理呢？這家線上賭場在德國沒有營業執照就不合法嗎？那麼玩撲克牌呢？撲克算是博弈遊戲還是技術遊戲？技術遊戲又適用於其他法規。

專家對這些問題有不同見解。不僅線上博弈業者不知道何時會踩到法律底線，支付公司替線上賭場向賭博受國家法律規範的賭客收錢，也面臨同樣的問題。線上賭場的法律地位不明確，屬於高風險客戶，因此 PayPal 特別提醒投資者可能的民事和刑事後果，尤其是洗錢。

那些願意處理線上賭場支付業務的公司以收取高額費用來平衡風險。Neteller 向業者索取賭客在賭場支出的百分之七。賭客贏錢時，會再收取款項的百分之二點五。除此之外，賭客可能還要直接付給Neteller其他費用。

鮑爾團隊也想分一杯羹。前財務長赫布斯特說：「當時整個行業都在評估法律狀況和風險，我們也委託了無數專家，都得到一個結論，線上賭場的生意至少不違法，因為我們主要想做撲克遊戲的生意，而撲克被視為一種技術遊戲。但律師們也一再強調：『公家機關的看法可能會不一樣。』」

線上賭弈生意獲利豐厚，因此漸漸受到官方關注。因為賭場會支付高額稅金，對很多國家而言是一大財政來源，賭客轉往線上對稅收而言是個威脅。許多國家草擬法案，準備限制網路亂象。

許多著名的金融機構與網頁經營者預防性切斷關係，特別是美國。PayPal自從被eBay的支付公司併購後，也退出了線上賭場生意，把位子讓給那些有恃無恐的專家。

鮑爾的時刻來了。二〇〇三年二月EBS有超過一千個客戶，線上賭場、莊家和樂透彩券的客戶數目還占不到一半，卻屬於EBS最大宗的轉帳業務。

鮑爾再一次利用他的生意夥伴賺錢。他的夥伴跟網頁經營者有直接的生意往來，不是鮑爾。這些生意夥伴使用EBS的系統跟客戶結帳，把EBS當成服務供應商。這樣的情況比較像是常態而非例外：二〇〇三年一份招股說明書上寫著，透過合夥公司進行的支付業務占公司整體業務「很高的比例」。

可是這個新基礎不穩固。ＥＢＳ在二〇〇三年的招股說明書上透露，他們的一項主要營業額來自服務美國賭客的轉帳業務。美國是當時全世界最重要的博弈市場，狀況已岌岌可危。

二〇〇〇年一項在廣義上將線上賭博視為非法的法律草案在國會沒有過關，但是不久之後又有新動議。一位當時的員工說：「威卡跟整個行業在同一艘船上。美國是全世界最大的線上博弈市場。我們的脖子上架著一把大刀。」

如果草案這次過關，對威卡將是一大威脅。公司也承認：在賭博受限制或是禁止的國家，ＥＢＳ將會「受到官方調查或控告」，也會對「公司的收入和財務情況有不利的影響」。就算ＥＢＳ並不會直接受到牽連。ＥＢＳ在那時候還不能自行處理金融轉帳業務，它需要一個合作銀行來處理每一筆交易。ＥＢＳ的經理們不完全排除，銀行未來可能因為博弈客戶進而拒絕為ＥＢＳ的其他客戶服務。

這個想法讓鮑爾和伯朗傷透腦筋，但是他們願意冒險。他們有遠大的計畫。

第4章 權力交接

伯朗坐上第一把交椅，展現個人行事作風

呂納堡（Lüneburg）位於漢堡南方六十公里。二〇二〇年七月底的一個星期五，貝恩德．孟策邀請我們去紐約漢堡橡膠瓦倫公司（New-York Hamburger Gummi-Waaren Compagnie）的辦公大樓。一旁的工廠製造用天然橡膠做的梳子，液態木料或是橡膠做成的骨灰罈以及硬橡膠製成的巴松管。他的商品種類就跟他的工作經歷一樣多采多姿。

孟策五十八歲，體型壯碩結實，頂著一個剃光的頭，身穿休閒襯衫。他請我們去會議室，在桌上擺了四包特大號萬寶路，並不時在會談期間拿菸來抽。孟策要跟我們談他與鮑爾和伯朗共事的時光，一段關於威卡崛起，以及伯朗晉升到公司第一把交椅的故事。

投資人看中的新興事業

孟策屬於威卡早期的投資者。以前曾是銀行家，經由一樁房地產投資致富。二〇〇〇年與其他漢堡金主一起投資鮑爾的公司。這個團體持有百分之二十的股份，孟策說他是這個團體的發言人。他當時找人調查EBS，獲知其價值為兩千兩百五十萬歐元。

孟策說，他是透過鮑爾的父親哥特利博與鮑爾建立聯繫。鮑爾父親也是企業主，做黑膠唱盤生意。孟策回憶道，鮑爾的父親說他應該認識一下自己的兒子。鮑爾為網路開發出一套付費系統，他很感興趣。孟策說：「色情行業和博弈市場是利潤最高的領域，占結算金額百分之三點四。」他當時是否有顧慮？「沒有，完全不受影響。總會有人做這個生意。我們看到數字：『哇，太棒了，過關。』」

孟策對新興事業的熱衷感染了另一群富有的漢堡人，也跟著將他們的財產投入，包括已去世的呂迪克·科瓦克（Rüdiger Kowalke），他是漢堡漁業港口餐廳的老闆。他們當時都相信這家公司在成長，尤其在伯朗二〇〇二年加入之後。孟策認為「伯朗為人嚴肅認真，是百分之百的專家。我們相信他。」伯朗當時概述一個計畫，想建立一個支付服務公司，長遠來看不僅要服務污點行業，還要服務大宗的網路商店。當時正有一批批網購店準備開跑。「他想做大生意。」投資者虔誠地聽伯朗敘說未來，他打算用低額費用從可信賴的客戶身上賺大錢，透過大量交易也能夠賺取豐厚利潤。孟策和他的共同投資者是這麼理解的。「他能把我們不熟悉的東西解釋得很清楚。」

孟策說，他一開始跟鮑爾和伯朗的關係不錯。

三人之間是生意關係，各自扮演不同的角色，也透過其他公司連結在一起。例如三人都投資了電腦遊戲公司10tacle，伯朗是監事會主席，但是這家公司後來破產。鮑爾也參與了孟策的控股公司Patrio Plus AG，後來也同樣申請破產。

另一個共同合作計畫是漢堡拳擊策進競技場（Hamburger Boxpromoter Arena），孟策與鮑爾想跟前拳擊手阿默德・歐納（Ahmet Öner）一起成為拳擊業界的大哥大。但是一心期待的成功沒有到來，二〇一四年因為競技場資產短缺因公解散。除了ＥＢＳ以外，沒有一項共同投資能長久。

道德界線向外膨脹

不過支付服務成長迅速，二〇〇四年已有超過三百位員工。哈爾貝格摩斯的辦公室不敷使用，公司搬到慕尼黑另一個郊區格拉斯布倫（Grasbrunn），位於巴伐利亞邦首府慕尼黑的東南邊。公司新址又是一處乏善可陳的辦公大樓，青綠色窗框是唯一顯目之處。

但是搬進這棟大樓的團隊十分驚人，他們崇尚個人主義，遊走在法律邊緣。「威卡把道德界線向外膨脹。這是公司文化，努力工作，努力玩。」一位當時的員工如是說，而且創辦人暨董事長鮑爾「玩得比誰都凶」。鮑爾辦公室裡有一本漢姆特・紐頓（Helmut Newton）的珍貴攝影集，裡面全是裸照。

不服從公司的員工就要擔心自己的飯碗不保。鮑爾也會很嚴格。一位前員工說：「他像是全身通了電，每個人都怕他。」伯朗和馬薩雷克像是「大明星」，在工作會議裡各自扮演角色。「就像《華爾街之狼》這樣的電影，一部爛電影。」鮑爾是衝鋒陷陣的行動派，伯朗是運籌帷幄的思想家，後者仍委身在鮑爾的強權統治之下。馬薩雷克是實踐者，雖然最初幾年仍表現出「不良少年氣息」，一位馬薩雷克的前下屬表示。

剃短髮的銀行家貝倫豪斯是個合群的小夥子，這段期間已躋身小領導圈。前同事們說，他一週工作六天半，不過他工作和娛樂的界線是流動的。辦公室有一台遊戲機，「他在那裡玩博弈遊戲，就像美國知名影集《紙牌屋》裡的弗蘭克・安德伍（Frank Underwood）。」

貝倫豪斯的舊同事說，有一天他們爭取到一個很特別的客戶「茉莉直播」（LiveJasmin）。這間公司的生意模式是讓女孩們在直播鏡頭前回應顧客的要求。「這是當時最炙手可熱的節目，每個月進帳幾百萬。」前威卡經理回憶道。但有一個人抱持懷疑態度，他不相信網頁真的能做個人直播秀。「於是我們做了一個試驗，當然是在貝倫豪斯辦公室的巨大平面螢幕上。」這位前同事說，一位年輕同事走進辦公室看到情況一臉錯愕，他們都笑了出來。他們一共三個人站在螢幕前，螢幕裡有個金髮女子。他們用信用卡在這家情色公司加值。「我寫訊息給她：『摸妳的鼻子』，她就很享受地摩擦她的鼻子，好像有感官上的刺激。」這位威卡經理回憶道。現在有證據了，那名懷疑者也相信了。「摸妳的鼻子」成為圈內人的笑話。貝倫豪斯的前同事說：「我們沒有跟茱莉直播那位女子做更多交流，她雖然裸露了胸部，但是不斷摩擦鼻子的舉動讓我們開懷大笑。我還發訊息給她，不要再摸鼻子了，但是她停不下來。」

鮑爾被要求讓出股份

團隊不久就瞄準下一個重大目標：他們要籌資上市。一家新創公司 Infogenie 會出力幫忙，鮑爾的 EBS 在二〇〇二年已經收購了這家公司的股份。這家柏林公司用電話熱線提供法律諮詢服務；熱線是〇一九〇電話號碼極盛時期遺留下來的產物。網際網路公司出現危機，幾乎也讓這家公司破產。這家公司就業務而言沒有什麼吸引人之處，但是對鮑爾和伯朗來說有一個不可限量的價值：Infogenie 是一家上市公司。如果鮑爾和伯朗能把生意帶進這家公司，表示他們就直接上市了。這比傳統股票上市來得更簡單迅速，而且更便宜。

就在伯朗和鮑爾達成下一個階段性目標之前，領導ＥＢＳ和威卡走到這一步的兩人發生齟齬。他們已經一起共事三年，卻沒有發展出男人之間的友誼，各做各的事，伯朗也沒有反抗過老闆鮑爾。直到二〇〇四年。

股票上市後，鮑爾將轉往監事會的情勢明朗，只有伯朗可能成為繼任人選。主要投資人都認為，一定要由公司內部的人擔任老闆。伯朗看到機會。就在他被任命為老闆的消息才公布不久，他馬上利用新得到的權力要求鮑爾出讓公司股份，否則新任命的老闆要走人。許多當時在場的人都這麼描述，但是伯朗的律師到今天仍然否認了這段經過。一些人認為這是合法要求，看在鮑爾身邊的人眼中卻是無情冷酷的敲詐。因為鮑爾不可能在上市前夕讓才剛任命的繼任人選走路，這點伯朗心知肚明。兩個人之間發生爭執，最後鮑爾讓步。

克勞斯．瑞尼是鮑爾的第一個投資人，並擔任威卡監事會主席直到二〇〇八年。他證實，他跟鮑爾將公司很大一部分股權轉讓給伯朗。「以特別優惠的價格，」瑞尼說，「價錢不貴。」在公司變更後，伯朗持有新公司百分之八的股份。一位以前的同事估計，伯朗為購買股份所出的價格大概只有實際價格的百分之二十到二十五。儘管如此還是有衝突，「因為伯朗先生原本還不願意支付因股票交易所應負擔的稅。」伯朗的律師反駁這點。

當時的投資人孟策表示，他「完全支持」伯朗得到他想要的股份。「他是公司的招牌。」一位同夥說，伯朗和鮑爾之間的關係從這個事件開始出現裂痕。他們倆雖然沒有爭吵，

「但是要鮑爾原諒伯朗沒有那麼容易。」孟策證實鮑爾很憤怒，他說：「鮑爾不願意付出，他只要拿。」

投資人不會看到幕後爭吵。在Infogenie股東大會上，股東要投票表決ＥＢＳ、線路卡和Infogenie合併時，伯朗和鮑爾的表現就像一個團隊，要為共同的事業奮鬥與堅持。他們將之前的線路卡股份有限公司和ＥＢＳ的其他子公司帶進Infogenie，從二〇〇四年十月一日起由伯朗擔任董事長。新創立的公司叫Wire Card。

二〇〇五年威卡登上法蘭克福證券交易所時並沒有敲鐘，也沒有撒彩紙，而是小心翼翼地混進入交易中心。一年後，公司名稱中間的空格消失了，從此叫做威卡股份有限公司（Wirecard AG）。

股東大會之後，伯朗在一份新聞稿上歡呼：「我很高興我們的股東投下同意票，他們鳴槍讓新的威卡股份有限公司起跑，它將以上市公司的身分，把我們在網路支付領域中的重要地位拓展向國際市場。」

投資人孟策賣了他的股份，他需要錢蓋橡膠用品工廠。他錯失了威卡崛起的時機，也逃過威卡殞落的命運。

高危險顧客帶來最大利潤

這段期間威卡的生意好到不行，至少鬧哄哄的新聞中心散布出這樣的消息。威卡在柏林國際觀光旅展（ITB）上推銷自己，歡迎瑞士的Ringier出版社和電子產品經銷商ProMarkt成為新客戶。這些新聞要告訴大家：威卡有名門正派的客戶，而且很多。這尤其對伯朗而言非常非常重要。

他繼續推銷一個想法，他認為威卡只要有足夠的正派生意也能很成功。實際上，這些有名有姓的客戶在這段期間之所以吸引人有另一個原因：支付供應商需要拓展問題客戶群以外的生意。因為情色網站、線上賭場或是可疑網路商店的匯款會產生不少問題，他們需要付高額費用來處理這群客戶的支付手續。在網上訂購生髮劑的顧客常常因為藥品無效要求事後退款。這種情形也發生在訂購減肥產品的顧客，或是把存款賭光的賭客身上。如果客群中有太多這種跟顧客有退款問題的網頁經營者，那麼公司跟Visa和萬事達卡之間的問題也會層出不窮。因此吸收極為普通、無聊，但是可靠的零售業者為客戶就很有意義，雖然他們付的服務費很少，但是能降低問題顧客的比例。

威卡還是得在別的地方賺大錢。

線上賭博網站達到了營業額成長的高峰。紐約Christiansen Capital Advisors公司的市場研究員估計，二〇〇五年這個行業在全球的營業額高達一百二十億美元，是兩年前的兩倍。其中大約有一半的營業額來自美國，百分之八十左右的營業額來自運動競賽投注，傳統的賭場遊戲和撲克牌局。

淘金熱演變為歐斯底里。二〇〇五年夏天PartyGaming在倫敦上市，交易第一天的市值就被投資人估價為七十億，比英國航空還有價值。一些分析家警告，這家公司二〇〇四年十億美元的營業額有可能很快會消失，因為它的最大旗艦店Partypoker網站有百分之八十營業額來自美國，而美國正火力全開要嚴令網路服務業者的法律規定。

威卡和Click2Pay合作研發一款為網路遊戲供應商量身訂做的產品。Click2Pay相當於PayPal。用戶只要在那裡登記一次電郵地址和帳戶資料，之後就可以在接受Click2Pay的網頁上使用用戶名稱和密碼付款。「這種付款形式當然可以應用在任何地方，」一位當時的員工回憶道，「但它是特別為博弈設計的。」一位前Click2Pay經理表示，「高危險顧客群」尤其能帶來最大的金額，利潤可以達到百分之十。

根據威卡的報告，二〇〇四年有兩百家「流量大的商家」使用Click2Pay，服務的終端顧客散布在一百零七個國家，「其中又以英美市場最熱絡」，「歐洲大陸和亞洲市場也出現首批回響」。Click2Pay在導入市場的那一年就已經開始獲利，並且對「淨收入有重要貢獻」。第二年的一篇年度報告指出，支付手續是「帶動威卡集團成長的主要引擎」。

二〇〇五年七月，威卡甚至特別在英國的海外領地直布羅陀「創立」了一家公司來服務博弈客戶。年度報告上說，有一些重要客戶要求威卡「在博弈市場的主要地區開設分公司」。「鑒於可能存在的法律風險，這麼做也能分散風險。」

根據官方報告，威卡位於直布羅陀的子公司發展成集團的聚寶盆。從二〇〇六年到二〇〇九年沒有其他的入股公司能跟它一樣，在帳面上賺取這麼多盈餘。

威卡的成功基本跟網路博弈息息相關，這是再明白不過的事實，但是威卡稍後否認了這個事實，也否認Click2Pay的成功。跟賭客做生意實在不光彩，尤其是總有一天會有法律上的麻煩。

可能是擔心監管上的不可測因素，威卡在Click2Pay周圍築起外牆。威卡不一定直接跟使用Click2Pay的網頁經營者簽約，而是跟第三方夥伴合作，例如位於塞浦路斯的Wafepay。Click2Pay跟這家公司針對「牌局、運動投注、博弈遊戲」等行業簽有執照和市場經銷合約。如果有網站經營者想使用Click2Pay，它不一定會成為威卡的客戶，而是Wafepay的。Wafepay會把一部分營業額轉給威卡。

一位這段時間在威卡工作的員工說，尋求生意上的合作夥伴往往出於下列因素：「如果發現顧客裡有人經營非法生意，威卡可以撇清責任全身而退，強調只是發了軟體執照。畢竟，如果微軟的軟體被用來犯罪，沒有人會責怪微軟。」威卡有多少營業額來自Wafepay無法推斷，但是這家公司一定對威卡非常有價值。威卡確保自己有購買這家公司的優先權，並願意根據營業額多寡付上高達三百萬股的威卡股票。以那時候的股票價值計算大約九百萬歐元。直到二〇〇六年優先權到期，股票價值甚至高達兩千萬歐元，對當時的威卡來說是一筆不小的數目。

營業額抽成（柯洛斯基克當時是百分之八十）很明顯地說明，這種合作公司有時候比較像是威卡分出去的營業處，而不是獨立的經銷夥伴。在與Wafepay合作關係公開前大約三個月，這家公司還屬於EBS控股股份有限公司，因此也隸屬威卡家族名下。但是它最後轉移到誰身上是一個謎。商業註冊上的所有人是一家英國公司。但是這家英國公司又把一個慕尼黑的酒吧營業人登記為所有人，他同時也在一家線上運動競技投注和架設吃角子老虎機的公司工作。但是這個酒吧老闆強調，他跟Wafepay和英國公司都沒關係。英國Wafepay的負責人也說，她是在不知情的情況下被登記為老闆，她是碰巧得知這個消息，她也不清楚是誰安排的。但是她很清楚要打電話給誰抱怨：威卡。這位老闆娘說，她當時不斷替威卡的顧客在英國開設公司。

到威卡倒閉之前，這樣的事情層出不窮。威卡和生意夥伴一起賺了很多錢，但是沒有人知道誰是生意夥伴的幕後老闆。很多錢流出威卡，只有一小圈的人知道百萬金額的流向。

買下一家只剩空殼的銀行

儘管這個時期的生意很好，還是有一些問題。大問題，因為生意太好了。原因是威卡很依賴一家銀行，只有透過銀行的協助才能處理付款轉帳。威卡這個時期最重要的夥伴名叫帕格（Pago），是德意志銀行投資的一家公司。當時威卡與德意志銀行以及帕格之間有相當多問題。威卡服務的許多博弈公司和網購商店的顧客想取消付款，一如前面所提，這對威卡的顧客而言稀鬆平常。但是對帕格來說，數量多到不能接受。於是帕格把威卡的顧客排除在系統之外。整個關係可以算是破裂。

伯朗現在需要一個新夥伴，但是新夥伴遲早也可能會跟帕格一樣和威卡決裂。長痛不如短痛，伯朗需要一家屬於自己的銀行，因此他結識了馬提亞斯．亞布雷希特（Matthias Albrecht）。馬提亞斯擁有一家銀行，但是他並不十分想要這家銀行。

個子高大瘦長的亞布雷希特有一頭稍微灰白的短髮。原本從事資訊科技業，一九八八年創立了XCom公司，專門為銀行設計軟體。

二〇二〇年七月他坐在廚房的長木桌旁，他家在科隆附近，家貓波旁正躺在桌上睡午覺。亞布雷希特身體往後靠，手交叉放在腦後，過了一會兒才回答記憶中的伯朗是怎麼樣的一個談判夥伴。亞布雷希特說：「他是一個……不，我們換句話說。不，我們換個方式說。」

他邊說邊搜尋檔案。在重要會談時，他會現場打字記錄所有內容。跟伯朗的通話也有詳細的記錄。

根據亞布雷希特的筆記，伯朗當時並不是一個內向的技術人員，而是一個冷靜的談判者，伯朗說自己不畏懼任何一場戰鬥。他曾經說：「如果你相信合約能給你法律保障就太天真了。」或者是：「我不想聽合約有關的事，我都無所謂，我會遵守合約上某些點，其他點我不管。要不要接受就看你。」伯朗的律師解釋：「這些被認為（據稱）是伯朗博士所說的話，全是空穴來風。」

到底發生了什麼事？

亞布雷希特的XCom替美國一家股票經紀公司設計了一套銀行系統，當這個美國經紀公司撤出德國時，亞布雷希特的公司毫不猶豫就接手了這家德國分公司。這家德國分公司有完整的銀行執照，問題是沒有生意，幾乎沒有營業額，而且還虧本。亞布雷希特說：「為了繼續經營這家銀行，我們需要客戶，所以尋找一個能帶來生意的夥伴。我們願意轉讓銀行的股份做為報酬。」威卡的問題剛好相反：支付服務生意興旺，並且需要一間銀行。「伯朗開給我們的條件是，你們必須是Visa和萬事達卡的主要會員。」這是信用卡組織給合作夥伴最高的會員級別。主要會員不能僅僅處理信用卡支付業務，還要推出自己的信用卡。為了達到這個等級，銀行需要穩定的組織和生意。

亞布雷希特回憶：「當時威卡有一份可觀的營業額來自色情行業，這不是祕密，這筆生意獲取高額利潤，而我們利用它來爭取到執照。」

當XCom銀行確定可以獲得主要會員資格時，伯朗想得到銀行的全部。亞布雷希特說，這正合他意。一位其他人士說，亞布雷希特知道伯朗亟需這間銀行，在協商時乘間取利，把價錢抬高到一千三百萬歐元。伯朗同意，並打算在事後反擊。

伯朗在短時間內就支付了超過一半的金額，剩下少於一半的金額等到銀行轉讓給威卡時才會到位。直到轉讓手續完成又過了好幾個月。這在銀行業不是特例。變更銀行所有人必須通過聯邦金融監管局（BaFin）許可，程序曠日費時。

當時負責這個計畫的人是貝倫豪斯。對他而言，建立一家銀行就像是考驗他的能力，而他通過了這項考驗，得到了褒揚。多年之後，威卡的經理們都還會提起他在購買銀行和拓展銀行上做出來的成績。

XCom的員工還記得貝倫豪斯很孩子氣。一位員工說，在貝倫豪斯的字典裡沒有遵守規定這回事。「如果收銀台前面排了一行隊伍，他會繞過隊伍插隊。如果能開路肩的緊急車道避開塞車，他就會開路肩。」另一個員工說，他不把生活中的事當成一回事，這讓他親切隨和。貝倫豪斯很欽佩伯朗，很多當時的員工說：「在伯朗面前他很順從。」

就在二〇〇六年年初銀行要過戶到威卡名下，而威卡要付最後一筆款項之前，伯朗突然覺得購買金額並不恰當。他可能絕對不會用這個價格買下這家銀行，但是在情況緊急下只好先同意。現在銀行在手中已經十拿九穩，他想事後討價還價。根據亞布雷希特的陳述，伯朗現在說這家銀行已經破破爛爛可以報廢，而且充滿了風險。伯朗的律師反駁這點。實際上，伯朗當初買這家銀行時的風險是一目了然的。

這家銀行在轉讓前已經或多或少被清空，只有一個空殼子和營業許可被轉讓。銀行裡面既沒有顧客的貸款也沒有存款，結算金額已經縮減到只有五百萬歐元。伯朗現在也認為銀行付給 XCom 的軟體金額太高。伯朗的律師解釋：「伯朗博士不記得曾經說過這樣的話。」無論如何，威卡代表後來用這些事情控告亞布雷希特。

在簽訂購買合約之前，伯朗就已經很清楚狀況。他現在的論點有點像在打虛招，目的在事後壓低價錢。一個熟悉過戶的內線人士說，亞布雷希特利用伯朗的危機趁火打劫：「我認為伯朗現在想反擊並且宣示，他最後不需要付那麼多錢。」

伯朗在電子郵件裡威脅亞布雷希特的內容也被記錄下來：「小子，我受夠了你的把戲」，以及「到最後你除了一個高額的損失賠償告訴之外將一無所有」。二〇〇七年三月初，也就是銀行過戶後的一年三個月，威卡公司的律師事務所還追加一筆，要求亞布雷希特和其他的主管階層在最多六天內付清九百萬和三百二十萬歐元，因為他們掏空和侵占銀行。主要控訴的是先前銀行付給亞布雷希特 XCom 的服務費用。但是亞布雷希特也不輕言退讓。

他要拿到他的錢，合約上擬訂的金額一毛也不能少。

一些跡象顯示，伯朗當時看出他正坐在一個自己原本不想要的炸藥桶上。因為兩個星期後，他突然撤銷所有控訴並且想完成這筆買賣。亞布雷希特回憶：「我搭飛機去慕尼黑，伯朗讓一輛BMW750iL來機場接我。我們坐在後座，開往高級餐廳凱菲爾（Käfer）。他在大廳先點了一杯馬丁尼，然後說我是最堅強頑固的對手，因為我在壓力下毫不退縮。然後我們協商出一個和解方案。」亞布雷希特補充：「在這之後，我竟然有點懷念跟伯朗起的爭執。」

伯朗達到目標了。他走出公司創辦人鮑爾的陰影，經由上市股票得到全球資金挹注，而現在，他更擁有一家自己的銀行，可以用來掩蓋電子支付處理從頭到尾的獲利過程。但是他的成功還是取決於顧客能否繼續從最大的博弈市場賺錢。不久後，整個行業就受到美國發生的事件撼動。

第5章 最大的賭注，最高的風險

威卡拯救了一個受威脅的商業模式

慕尼黑，二〇二〇年六月。威卡獵人等候在奧林匹克運動場地鐵站出口。他個子中等，體瘦，穿著牛仔外套，背著背包，留著三天長的鬍子。棕色頭髮裡雜有一綹綹灰白，臉上布滿嚴肅的皺紋。他遲疑了很久才同意與我們會面，並且提出不能公開他真實姓名的條件。他希望他在這個故事裡叫做伯恩哈特・默思。

他是以「吉嘎吉格」（jigajig）出名。他在網路論壇如華爾街線上（wallstreet:online）使用這個代號，很早就懷疑威卡的成功故事。《Jig-A-Jig》是East of Eden樂團在七〇年代的一首歌，他到現在都還很喜歡聽這首歌。名字在英文裡意味著性交，他在網路上受到好鬥的威卡粉絲攻擊才知道。

默思邁開步伐往前走，想在奧林匹克公園一邊散步一邊講他的故事。他是誰？他的職業「離威卡有很遙遠的一段距離」。他是社會工作者，工作對象是幫助生活處於危險中的孩子。他跟妻子與孩子住在大慕尼黑區某處。之所以會成為威卡獵人，跟他的正義感有關，他說：「遇到不公平之事，我總是會開口聲張正義。」在學校時就已經如此，外甥不小心踏入色情陷阱時也是。十三歲的外甥發生的故事情節是這樣的：二〇〇三年他在電腦上打了三個字母：Sex。然後根據谷歌推薦的字選中「免費」，稍後他母親收到電話帳單時發現這次點擊很昂貴，必須繳交的款項超過兩百歐元。

這個少年啟動了一個撥號器，而這個撥號器來自一家名為柯洛斯基克的公司。默思發現柯洛斯基克和鮑爾有關，而鮑爾創立了威卡的前身ＥＢＳ。默思覺得ＥＢＳ和柯洛斯基克賺錢的手段很不公道。自此以後，默思開始注意威卡，收集一切跟威卡公司、公司活動和經理人相關的資料。二〇〇七年他不僅發現「不公平的生意」，也發現威卡跟博弈行業的生意上有矛盾之處。

投資人與分析師信賴的財務長

他調查的時間點剛好落在威卡老闆伯朗好到不能再好的時候。公司創辦人鮑爾被調到監事會，不能再積極地處理公司事務。這表示，沒有人能再干涉伯朗。

伯朗找到一個很受投資人喜愛的財務長布克哈德・賴（Burkhard Ley）。賴在索林根市的儲蓄銀行接受銀行行員養成訓練，學業結束後曾經在科隆的私人銀行 Sal. Oppenheim 工作。賴跟伯朗不一樣，他的態度親切，很容易跟人打成一片，跟員工的關係很好。一位前任的威卡經理說，賴總是在公司裡到處走動，「無法長時間坐著不動，他主動跟員工接觸。」公司慶祝聖誕節時，伯朗通常躲在一旁，賴則在人群中間。但他不是可以稱兄道弟的夥伴，而是受人尊敬重視。他是威卡公司裡少數會被同事自然而然使用尊稱的人。

這樣的人也能跟投資人和分析師好好說話。稍後威卡被人批評，也是靠他出面安撫大型基金的經理人。伯朗對很多投資人而言難以捉摸，但是賴，投資人都很肯定，這個人可以信賴。這跟賴如何表現自己有關。他以一副保守、接地氣的銀行家面貌出現在大家面前。他不穿剪裁過於合身的西裝，而是較為舒適的款式，並講述值得尊敬的商人所遵守的原則。一位前同事說：「他很懂得說話，並且常用手勢輔助。如果有投資人提出尖銳的問題，他就講一個故事，不一定會直接回答問題。」

雖然賴寧可從威卡身上賺錢，而不是把眼光放在光輝的未來，但這顯然並不影響投資人的投資意願。公司允許像賴這樣的員工用市值一半的價格購買一定範圍內的公司股票，賴拿到股票後大多馬上就賣掉。

現年六十一歲的賴還是一派從容，無論對手提出的問題多尖銳。他給回覆從不遲疑，並會在說話時深深望著對方的眼睛。就算後來賴已經不是財務長，當威卡再度遭受批評時，有些基金經理還是會打電話給他。然後他會跟人說，一切都沒問題。

二〇〇六年九月十八日，威卡被納入股市的德國科技指數（TecDAX），這是對伯朗功勳的表揚。威卡現在屬於德國前三十大科技企業。伯朗歡呼，這「對我們來說是威卡發展中的一個重要里程碑，並且會繼續提高我們股票的吸引力」。為什麼他的公司發展這麼蓬勃，他的解釋既複雜又模糊：我們的成長「奠基於極度多樣化而且國際化的基本顧客群，還有面度極廣的產品和服務範疇，這推動了我們的營運業務，並確保我們的永續成長」。

當時的員工敘述，伯朗不耽於快樂與驕傲，馬上公布下一個目標：爭取股市甲級聯隊DAX指數的一席之地，這是德國股票市場上的最高等級。

如果別名「吉嘎吉格」的默思知道伯朗的想法如此宏大，他可能會宣稱威卡老闆瘋了，並問伯朗：「馬庫斯，你難道沒發現身邊正在發生什麼事嗎？」

期望EBIT繼續成長50%

美國總統布希在二〇〇六年十月簽署了《非法線上賭博執行法案》（Unlawful Internet

Gambling Enforcement Act, UIGEA），禁止銀行和信用卡公司處理美國線上賭客的付款委託。美國官方向網路的莊家和賭場宣戰。

這條法案敏感地觸動了這個行業的神經，這可以從股市一窺究竟：博弈遊戲供應商PartyGaming的股價在一天內掉了將近百分之六十。公司聲明，這個發展對整個行業是一記沉重打擊。這項聲明再貼切不過，因為網路博弈業每年營收的一半左右，約一百二十億美元來自美國。PartyGaming甚至有將近百分之七十五的營收來自美國，它在美國有九十萬客戶。

沒過多久，官方就展現了執法決心。二〇〇七年一月美國聯邦調查局（FBI）逮捕了支付服務業者Neteller的兩位創辦人，他們服務的對象幾乎全是網路上的博弈遊戲業者。單單在二〇〇五年Neteller處理的轉帳金額總數超過七十三億美元。根據檢方的資料，這家公司跟全世界百分之八十的博弈公司有生意往來，大部分的賭客來自美國。負責此案的紐約檢察官麥可．加西亞（Michael Garcia）宣布，兩位創辦人可能會判高達二十年的徒刑，因為他們替幾十億非法賭金轉帳。他也很清楚表示，就算嫌疑犯和他的資金在美國境外，他也會追究到底。

「吉嘎吉格」當時在網路論壇上還是用別的名字，在逮捕行動後，他跟論壇上的人討論這條法律對威卡的影響。一個人寫道，「誰知道威卡董事會中哪一個人下次會去美國？請給FBI一個線索！」

而實際上，知內情的人說，自從那個時候開始，威卡的高層經理就有一個座右銘：我們不再去美國。

Neteller從美國的網路博弈市場撤退後，二〇〇七年營業額掉了將近百分之七十，只有八千四百萬美元，於此同時，威卡卻宣稱他們不受禁令影響。伯朗表現出好像什麼事也沒發生，並且宣布，他期望在二〇〇七「息稅前利潤（EBIT）還會繼續成長超過百分之五十」。

這怎麼可能？

不久之前，網路博弈和撲克牌局還是威卡一支基本的生意骨幹，很多生意也來自美國，這是威卡自己在股市說明書上透露的。顧客中還有幾個行業巨頭，Click2Pay就是眾所周知撲克行業中很受歡迎的支付工具。而它現在一下子就不存在了嗎？

有兩種可能性：一來威卡還是失去了很多生意，但是威卡董事長卻用某種方式成功掩蓋了這項事實。再來就是博弈市場的生意還是繼續祕密進行。這兩種情形可能都正確。

雖然從威卡集團的年度報表看來，他們的成功故事沒有間斷，而且不斷成長。但是事實並非如此，從整個集團母公司威卡股份有限公司的年度報表中可以看出端倪。它的獲利從二〇〇六年的五百四十萬歐元掉到二〇〇七年的二十萬歐元，減少了百分之九十六。其中的一個原因是子公司Click2Pay，博弈業最愛用的支付工具，利潤減少了三分之一。公司解釋：「因為市場的壓力和法律規定，二〇〇六年顧客結構發生變化。而這項改變在二〇〇七年展現出後續的影響。」換句話說：因為法律變更失去了客戶，所以現在賺的錢變少了。這不就是美國新法案的後果嗎？

威卡現在跟在美國繼續營業的博弈遊戲供應商還有多少生意，只能用推測的。不過首先看來，博弈行業整體對威卡的還是保有非常非常大的重要性。直布羅陀是博弈遊戲工業的朝聖地，因為那裡的法律不是很嚴苛，而且稅率很低。威卡在這裡經營一家子公司，最初是為了博弈遊戲業設立的。在二〇〇七和二〇〇八年，威卡直布羅陀公司賺的錢比任何一家子公司都多。

威卡的收入也證明，他們不是只有替安全的支付業務轉帳而已。威卡索取的高額費用並不能從一般的客戶如施耐德網路購物（Schneider Versand）或是電腦製造商戴爾（Dell）的德國網路商店身上取得。威卡的收入證明，他們從許多具有高風險生意模式的客戶身上賺錢。博弈遊戲供應商就屬於這類客戶。

然後威卡還花了將近四千萬歐元買了一家名為Gateway Payment Solutions的愛爾蘭支付處理公司。在網路上可以輕易查到，這家支付處理公司對博弈市場的顧客有偏好，就像它的老闆一樣。

為收購成立特殊目的公司

這件事也引起威卡獵人吉嘎吉格的注意，大家都知道他收集一切有關威卡集團中不同經理的消息。他說：「我覺得自己是有研究精神的科學家。」但是他的問題是，他無法把這麼多的資料歸結出一個有意義的關係，並得到一個結論。他把他的發現毫無系統地上傳到論壇，例如wallstreet:online，希望找到一個能利用這些資料並且加以分析的人，因為他沒有這個能力。但是他的希望落空。等到他終於遇上一個人還要過好幾年。在那之前，很多人只覺得吉嘎吉格可笑。他的幾篇發文還被認為是發了瘋。他遭受到謾罵和侮辱。

「收了錢的網軍」，也就是將他視為刻意壓低股價的人，這樣的攻擊還算是輕的。有一次吉嘎吉格在論壇裡提問，問他是否應該點明他發的上一篇是諷刺文時，「淡啤酒」（PaleAle）回答說：「你這種特別情形是應該要說明的，因為惡魔不在阿旭海姆，而是在你的腦袋裡。」另一個人則上傳了一個連結，連結到一個也叫吉嘎吉格的色情網頁，並且問：「這個人是否偏好小女孩？」

這些攻擊讓默思很受傷，他覺得受迫害。他定期把資料存在外接硬碟裡，並寄給一位熟人確保資料的安全。

讓我們回到Gateway Payment Solutions這個案子上。對吉嘎吉格而言，整個案件看起來像是威卡的領導階層想要遮掩他們在愛爾蘭到底買了一間什麼樣的公司。因為威卡不是簡單地買下 Gateway。它先開立一家德國股份有限公司 Trustpay。當我們這位網路批評者想在商業登記上找 Trustpay 這家公司時，起先還找不到。Trustpay 之後買下 Gateway，但是不會引起注意，因為威卡不會用 Gateway 這個名字，而是用這家公司的新名字：Wirecard Payment Solutions。

威卡事後強調，這是收購公司時「常見的過程」，在過程中會把所有要收購的資產放在專為收購成立的特殊目的公司裡，這裡就是 Trustpay 股份有限公司，將資產「在收購前加以整理和合併」。實際上，透過特殊目的公司 Trustpay 還有兩家小型公司以大約三百萬的價格被收購。它們跟 Gateway 沒有明顯的關係。除此之外，威卡也會不經由特殊目的公司直接收購其他公司。合併看起來沒有意義。如果不是要隱瞞什麼，誰會花那麼大的功夫？他要隱瞞的東西跟賭博無關的機率有多大？默思說：「賭場的情形跟撥號器一樣，大家都清楚是不合法的，但是沒有人行動。」

友恆．賴協特（Jochen Reichert）也覺得整件事非常奇怪。他是漢堡分析公司 SES Research 的分析師，在他自己成立顧問公司並且也為威卡工作之前寫過很多威卡的正面分析。但是在這個階段，賴協特還很警覺。他撰寫了一篇精采的分析名為〈真正的關鍵是什麼〉（what really matters），文章至今還在威卡的批評者中傳閱。他發現 Gateway 這家公司擁有的抵押品高達營業額的百分之六十。一個支付服務業者累積高額的抵押品，很可能是顧客做高風險生意的一個證據，要不然不需要那麼多的抵押品。而賭博屬於高風險生意。賴協特還寫道，Gateway的營業額大部分是用美元記帳，支出卻多數用歐元。他評論：「很多撲克網頁只讓人用美金付錢。」

所以威卡還是把重心放在美國的博弈遊戲上？

由於美國法律的修改，一些博弈遊戲業者如PartyGaming從全世界最大的博弈市場撤退。但並不是所有的博弈公司，例如許多大型的撲克業者仍留著。他們的論點是撲克屬於技術遊戲，不算是賭博。至於該將撲克歸納到哪個範疇，業者和官方還會繼續討論好幾年。紐約的檢察機關在幾年後首次明確表達，對他們來說，撲克屬於支付處理業者不被允許提供服務的遊戲種類。

威卡似乎繼續為幾個在美國營業的撲克公司服務。UltimateBet網站要求賭客將賭注匯到威卡銀行的一個帳戶裡。全速撲克（Full Tilt）在美國公布《非法線上賭博執行法案》後還繼續接受來自美國的顧客，他們在威卡銀行有兩個帳戶，尾號是七二八三和七二四九。根據網頁的資料，這家撲克公司也提供Click2Pay付款，甚至建議顧客，如果Visa或是萬事達卡拒絕受理的話，他們可以使用Click2Pay。

內線人士說：「Click2Pay在這個階段成為一個問題。」威卡的付款手續很受博弈業歡迎。只是「當撲克網頁上提供這種付款方式，我們就很難否認替撲克業者處理支付業務」，當時為威卡工作的一位員工說，「為了否認博弈遊戲，Click2Pay必須消失。」所以Click2Pay的生意逐年減少，直到這個獲利明珠在二〇一〇年開始虧損。

威卡必須找到更隱密的途徑。

用花店掩蓋轉帳業務

繼續為美國賭客處理賭注和彩金支付並不容易。早在二〇〇一年信用卡公司已經引進一組新的代號「七九九五」用於博弈遊戲相關的轉帳業務。賭場支付的每一筆錢都用這個代號做為標記，任何銀行可以藉此辨識，這筆錢是從博弈遊戲生意來的。當二〇〇六年十月美國引進新法案的時候，大部分的美國銀行早已經拒絕受理有這個代號的支付業務。

但是這個行業也變出新花招應對。根據紐約州對行業三巨頭撲克之星（Pokerstars）、全速撲克（Full Tilt）和Absolute Poker/UltimateBet所提出的告訴，可以還原賭博行業的新手法。為了讓賭場的匯款到達美國賭客手上，撲克牌局經營者虛設公司。這些公司被登記為花店或是寵物飼料經銷商，並且經營網頁如www.petfoodstore.biz或是www.bedding-superstore.tv。實際上這些網頁不賣東西，只用作掩護。

現在由花店來主導美國顧客的轉帳業務，所以支付不需要加上博弈遊戲的代碼七九九五，並且能被賭客的美國銀行接受。

有些花店設址在英格蘭北部達勒姆郡裡一個只有兩萬一千居民的小城康斯特（Consett）。豆豆先生（Mister Bean）的演員羅溫·艾金森（Rowan Atkinson）就是來自這個小城，關於這個小城的新聞也就這麼多了。自從一九八〇年代初期這裡的大鋼鐵廠關門以後，小城就已繁華落盡。但是一位康斯特人把活力帶回來，他是西蒙彼得·湯森（Simon Peter Dowson）。二〇〇四年他設立了Brinken Merchants Incorporation（BMI）公司。這家公司能迅速簡單地成立並管理英國公司，一年只要兩千五百歐元到三千歐元的代價。他自己跟路透社的記者說，這些公司後來都是以「花店」的名義運作。他全部需要的只有一個公司名，一個地址，和定期的年度報告。最初還由他自己擔任老闆，後來動用到家人和朋友，最後有越來越多康斯特市民參與。為了幾英鎊，他們把自己的名字和地址給了湯森，並把生意上的信件轉交給湯森。至於他們代表了哪些公司，可能有部分的人也不清楚。

最晚在二〇〇七年，湯森跟威卡也有了聯繫，具體而言是跟史帝芬·凱瑟（名字更動），他在威卡是負責爭取博弈市場顧客的員工之一。他被形容為一個大膽的獵人，不僅獵捕顧客，也獵捕同仁為他工作。一位前同事表示，有一回凱瑟把他叫去身邊。「他正在電腦上玩撲克，並對他說：『喂，你，我有個約會，幫我接手玩這個遊戲。』」

凱瑟在公司裡面很快得到一位女士協助，布麗吉特・侯瑟－阿克斯特納，公司的人都叫她「芭絲」（Baxi）。凱瑟從某個時候開始漸漸很少到辦公室來，芭絲接手他的工作。她的名字和凱瑟的名字會階段性出現在湯森Brinken Merchants Incorporation的股東名單上。

這些年間湯森偶爾也會出現在格拉斯布倫，威卡員工還清楚記得這個矮小風趣的康斯特人。「他不官僚，並且以服務為導向，人很知足簡單，是一個能敞開心胸接受很多事情，並且有彈性的人。」一位跟他打過交道的威卡員工說。

提供服務的人如湯森對博弈業和它們的服務供應商的生存至關重要。因為銀行常常會發現用花店掩飾的騙局（只要它們願意去認清），而光是撲克三巨頭就需要幾百家像湯森設立的這種公司來維持生意運作。

這些公司的轉帳方式相當平凡無奇。例如一筆要發放的彩金會從遊戲供應商的銀行匯到康斯特信箱公司的戶頭，例如Bluetool Limited，它在威卡有一個戶頭。因為在名義上不是博弈遊戲供應商，所以它能匯錢到美國，不會引起注意。

如果賭客比較想要支票，這筆錢就還要去中間人那裡繞一圈。德國人米歇爾歐拉夫・舒特（Michael Olaf Schütt）就是一個中間人，當時還不到三十歲。他住在佛羅里達，在那裡為外國人設立公司和帳戶。他一共創立了四百二十八家公司。如果客人想從UltimateBet那裡收到支票（當時在美國是一個通用的付款方式），那威卡會將錢匯給Bluetool，然後再從

Bluetool把錢匯到舒特在美國的公司戶頭裡。

稍後美國對舒特的一項指控上是這麼寫的。

舒特每天會收到電子郵件通知他該付多少錢給哪個客戶。舒特開立了好幾千張支票，總金額高達七千萬美金，他用FedEx把支票送到賭客手裡。這些錢主要來自Bluetool，但不僅僅是由威卡銀行轉帳，還透過其他好幾家信貸機構。

銀行不斷關掉舒特的帳戶，因為他們不能理解匯入款和匯出款背後的動機，而舒特也不能提供讓人信服的解釋。銀行詢問支票的受益人，一次又一次發現這可疑的匯款後面是他們在ultimatebet.com贏得的彩金。當舒特開始每星期寄出超過一百五十個包裹時，FedEx的員工也起了疑心，他們打開幾個包裹，發現裡面是支票。

二〇一〇年舒特被特工逮捕，在麥爾茲堡（Fort Myers）拘留了六個星期。每個星期可以放封一次，一次三小時。他原本會被判刑三十年。不過因為他合作，最後只判了罰金和八十天拘役。他跟美國調查員的協議細節沒有公開。這個案件以及威卡的涉入並沒有逃過德國官方的眼睛。德國金管機構的主席菲力克斯·胡費爾德於二〇二〇年說：「我們調查了這些非法經由威卡銀行為在美國營業的賭博公司所做的轉帳行動，因此有審查洗錢嫌疑。我們譴責這些轉帳行動，而這些行動也在我們查明後停止了。」

康斯特的湯森呢？二〇一五年他結束了設立公司服務的ＢＭＩ，二〇二〇年夏天跟英國

《泰晤士報》說：「不管威卡最後做了什麼事都跟我無關。」他只是提供了設立公司的服務，「這就是全部」。

威卡獵人吉嘎吉格反省說，他雖然隱約知道威卡跟博弈業有密切掛勾，但是他沒有特別看重。「主要也是因為撲克賭徒並沒感覺到受騙，大家都很高興能繼續賭博。」

第6章 「隨便在雪地上撒尿」

威卡撐過好幾次攻擊，並發明新策略迎戰未來的批評者

慕尼黑，二〇二〇年七月底。托比亞斯．伯斯勒在一位建築師朋友的辦公室接待我們。辦公室裡有一張長會議桌，上面堆滿了檔案夾。他正在調查威卡的案子。

伯斯勒請我們在桌邊坐下。他有一頭較長的深金髮，留著一臉鬍渣，穿著一件白色亞麻襯衫，一條藍色斜紋棉布褲，赤腳穿著夾腳鞋。他看起來像在度假，事實上並不是，伯斯勒有黑眼圈。他正努力重建聲譽，因為威卡讓他的聲譽受損。

伯斯勒幾年前指出威卡有些不對勁，並把他的認知告知檢察機關和聯邦金融監管局。但是他不適合做英雄，因為他可能不是想阻止一個企業犯罪，而是想從威卡損益表中的矛盾獲利。

伯斯勒的生意模式是，他在股市報告中撰寫上市公司的正面報告，但是他隱瞞自己擁有這家公司的股票，如果這家公司的股票價格上升，他就會從中獲利。反過來操作也一樣，他賭某家公司的股票下跌，於是公開給這家公司負評，如果這家公司的股票真的下跌，他就能從中獲利。這樣的行為在德國構成操縱市場的事實。

給董事長機會扮演受害者

伯斯勒並沒有撰寫批評威卡的文章。他做了不一樣的事，他跟好友馬庫斯・史圖博（Markus Straub）合作，史圖博那時候是投資人保護協會（Schutzgemeinschaft der Kapitalanleger, SdK，下稱投保會）的副理事長，這個協會主要在維護小額投資者的權力和利益。伯斯勒也曾經以投保會發言人的身分出席股東大會。他們很聰明地透過投保會來批評威卡。他們打擦邊球。

伯斯勒做的生意反而讓自己後來成為官方的觀察目標，進了監獄並被判刑。他不能理解，認為自己是受害者。他在二〇二〇年說：「我對司法的信任幾乎消失殆盡。」

伯斯勒二〇〇八年攻擊威卡，兩年後又一次。從今天的眼光來看，我們必須說：伯斯勒對威卡來說是天下掉下來的禮物。一方面他雖然讓威卡陷入必須要對公眾解釋的困境，因為他找到了幾個疑點。但是他賣空交易的行為備受爭議，因此威卡當時能把伯斯勒的批評貶為一個罪犯的論述，他不過是想抹黑一個健康的德國公司來圖利自己。伯斯勒給威卡一個演出受害者的機會。所以未來每當威卡受到攻擊的時候，集團董事長伯朗就上演受害者的角色。

像伯斯勒這樣賣空的人，他們借入一張股票然後馬上賣掉，期望他借來的股票稍後能以更低的價格買進，然後還給出借人。買價和賣價之間的差距就是他的獲利，而且當然要扣除借貸的費用。

這樣的交易是合法的，在德國卻不一定受人尊敬。但是賣空的人完全可以修正股票市場。守法的賣家不會毫無緣由隨意下賭注，而是事前仔細研究這家公司。在英美地區很常見到賣空的人公開他們對一家公司的意見和調查結果，然後引發股票下跌。這也完全合法，只要撰文者的分析是引用公開資料，嚴守事實不誇張，透露自己的身分，並明白表示股票下跌他自己會獲利即可。

伯斯勒讀企業管理，在二〇〇〇年代是短倉賣空股票的投資者。他持有公司股份，協助公司上市，一直尋找出場的絕佳時機。此外他也撰寫股市報告，討論股票行情。一位跟他有交集的人說，他當時就非常有自信。

伯斯勒說，原本一開始的時候他認為威卡很不錯。二〇〇四年在股市報告中甚至推薦威卡可以買。「故事很好。」但是他卻問自己，為什麼這家公司可以發展得如此迅速？

他看了二〇〇七年的年度報告。威卡百分之七十的營業額來自德國，但是獲利中有很大部分的比重來自避稅天堂。例如威卡在直布羅陀有獲利很好的公司持股，也在那裡花了很多錢收購客戶關係。它同時也接手了位於英國處女島上的一家名叫 Marielle Invest 的公司，這家公司幾乎沒有資產，除了一份價值近三百四十萬歐元的客戶名單。一年後，Mairielle 消失了，沒有任何解釋。

伯斯勒說：「我問自己，如果這家公司生意這麼好，為什麼還要一直買客戶？」

他和他的朋友投保會理事史圖博討論這個問題。他們覺得自己的懷疑在投資人論壇 wallstreet:online 的一篇發文中得到證實。二〇〇八年五月一日，用戶 memyselfandi007 在這個論壇上發表了一篇批評威卡的文章，標題是〈威卡，好還是壞〉。這篇發文至今有超過兩千萬的點閱率，還有十六萬筆的評論。撰文者對威卡的財務報表感到很驚訝，特別是對威卡收購公司的估價。「我們不知道詳情，但是臭氣沖天。」他這麼寫道。

伯斯勒和史圖博當時正在準備做短倉，他們賭威卡的股票下跌。伯斯勒今天說，他當時不知道史圖博也在做賣空生意。

伯斯勒不覺得賣空的生意模式有什麼地方損及聲譽。「只有在德國做賣空的人才聲譽不佳。我認為這是因為典型德國人愛嫉妒，」他說，「就像警察或是檢察官收集資料，試圖去揭發一個騙局，調查人員因此得到錢，做空的人也一樣。為什麼這是不道德的？」而且譴責他當時損人利己的指責不夠全面。「那些因為股價下跌而損失金錢的威卡投資人原本就不該賺到錢，威卡的股價不足以登堂入室，是被哄抬上去的。靠一個騙局。」

但是伯斯勒今天的講法缺少一項事實：他沒有揭發威卡的騙局。他對威卡一些生意提出尖銳問題，而且有道理。但也就只有這樣。

投保會在股東大會提出強烈質疑

在二〇〇八年六月二十四日威卡股東大會這個重要日子理應公開所有批評觀點。投保會理事長克勞斯．史奈德（Klaus Schneider）也在研究威卡的問題，是史圖博讓他注意到威卡。審計師在公司的年度報表裡也看見伯斯勒和史圖伯所發現的問題。投保會決定，史奈德在股東大會上應該讓威卡面對這些指責。史奈德今天說，他不知道當時的副理事長史圖博和伯斯勒是做賣空的人。

對威卡董事長伯朗而言，這原本會是一場跟往常一樣的歌頌會。他向股東報告過去一年的輝煌成績：營業額成長百分之六十四，集團盈餘成長百分之九十七。為了助興，他還說，威卡的股票價格在前一年上升了百分之四十。他宣稱二〇〇八當年息稅前利潤將成長百分之四十五，而且「威卡將會有三十到四十個新的國際夥伴」。

但這時來了史奈德，搞砸了伯朗的秀。史奈德問，威卡購買的顧客背後是哪些公司，是否是「網路遊戲供應商」。威卡築起高牆說，這是一千個來自「不同生意領域」的商業關係。史奈德鍥而不捨，詢問位於直布羅陀和愛爾蘭帶給威卡最大利潤的子公司，詢問在英國處女島的生意關係，詢問Trustpay股份有限公司的收購，這家公司的作用特別是要掩護愛爾蘭Gateway，一家有博弈歷史的公司。

史奈德的出現把伯朗激怒。「他覺得受到強烈攻擊。」一個在股東大會見到伯朗的人說。史奈德的尖銳問題有其效果。許多股東開始明顯不安，並且賣掉他們的股票。短短三天內股價跌了超過百分之三十。

史奈德說，他在開股東大會的時候還不知道，理事會同事史圖博手中有短倉的股票。

史奈德接受boerse.ard.de網站的訪問，認為威卡的損益表有「誤導之嫌」。股票再度下跌。

投保會在七月八日一篇新聞稿裡更新評論，並向威卡宣告一份問題目錄，建議投資者「跟這個股票保持距離」。投資人的保護者準備要控告威卡。他們想推翻股東大會的決議，並且進一步讓年度報告宣布無效。

威卡短時間內承受了巨大壓力，並想辦法讓情況不要惡化。他們向投保會提出一個協議：威卡會對史圖博手中有賣空股票一事保持緘默。威卡的經理們顯然在這段期間發現了這件事。投保會應以不遞出訴狀為回報，並且刪除七月八日所發表的評論，雙方要為此發表共同聲明，「從今以後只會釋出對對方有建設性和善意的陳述」。

投保會拒絕。史奈德今天說：「我不受人勒索。」

「沒有人被壓到牆邊」

事情發展開始變得難受。有多難受無法說得很清楚，因為參與的人對事件的描述有相當大的差異。可以確定的是，威卡的律師彥斯 R（Jens R.）打電話給伯斯勒討論威卡和賣空股票之事。他們兩人之間沒有使用敬稱，辦公室也相距不遠，都在慕尼黑穀物市場邊。

伯斯勒說，彥斯把他，伯斯勒，過去買了什麼短倉股票唸給他聽。伯斯勒在這通電話裡才得知，他的朋友史圖博也做賣空的生意。

彥斯反駁此事。他說，他在電話裡只是請伯斯勒幫忙，因為他想瞭解當時的空頭行情。他們約在七月十日見面。

彥斯解釋道，本來他們是要在他的律師事務所見面。就在會面前三十分鐘左右，突然有兩名男子出現在他的辦公室，想參加和伯斯勒的會談。彥斯顯然因為這兩個人的出現很不安，所以「用簡訊通知伯斯勒先生」，他要「取消會面」。他請祕書「幾分鐘後進來辦公室說，伯斯勒先生來電取消約會」。事情按計畫進行。兩位不速之客聽到消息後馬上衝出辦公室去找伯斯勒。彥斯說：「我發簡訊警告伯斯勒先生，告訴他剛才發生的事，他最好不要在場。」他尾隨那兩名男子。根據他的說法，他想緩解緊張情勢。

沒過多久，彥斯、前拳擊選手歐納和一個同伴站在伯斯勒的門前。歐納跟威卡的創辦人鮑爾有生意上的合作關係，兩個人都參與漢堡的「拳擊策進競技場」投資案，彥斯曾經擔任短期的監事會主席。

之後發生了什麼事，伯斯勒是這樣描述的：他守在一樓辦公室前面不讓訪客進去。拳擊手把他擠到牆邊並咆哮：「誰是賣空股票背後的主使人？還有誰做空頭生意？停止做這種狗屁倒灶的事！」歐納的同伴說：「在土耳其只要一千歐元就可以讓人翹辮子，老兄，你懂嗎？」彥斯說，在場沒有人說出這種恐嚇的話，「沒有人被壓到牆邊，或是有其他的身體接觸。」

伯斯勒的員工從辦公室裡看見情況便打電話報警。不速之客走了。當警察抵達的時候，伯斯勒放棄提出告訴：「因為我害怕。我也結束了賣空的生意。」

歐納在二〇二〇年的今天承認，曾經去過伯斯勒那裡，因為他想幫他的生意夥伴一個忙，也就是威卡創辦人鮑爾。他因為威卡股票大跌「徹底絕望」，「特別傷心」。歐納說，他希望鮑爾能繼續資助拳擊策進競技場。「然後他跟我提到慕尼黑這個大笨蛋，伯斯勒。於是我接手處理這件事。我跟他說，我會拜訪伯斯勒和他好好談談，我相當有口才。」他跟一個自己人和律師彥斯去找伯斯勒，然後「變得有點大聲」。伯斯勒面對賣空的指責時「態度很高傲」。然後他抓著伯斯勒的褲腰帶，「他就嚇得屁滾尿流」。

彥斯今天雖然證實他也在場，但是他說：「恐嚇，咆哮，警察出動，這一切都沒有發生過。」

無論實情如何，這次登門造訪很奏效。歐納認為：「不久之後，一切都修正回來了，股價再度上揚。鮑爾很高興，繼續在我這裡投資。」鮑爾對此沒有發表意見。

這起驚人事件也是鮑爾最後一次跟威卡有關連。一年後的二〇〇九年十月，他讓出了監事會的位子，「因為時間因素」。事實上，鮑爾無法長期對一件事保持興趣，公司對他來說僅只是賺錢工具，不是心中的職志。至少他身邊的幾個人是如此描述。他不再是威卡的大股東，他有新計畫，特別是房地產。他的退出表示威卡歷史中的第一個十年結束。鮑爾的生意眼光精準，親自替威卡帶來第一筆資金和第一批客戶。沒有他，就沒有威卡，伯朗也不可能成為ＤＡＸ企業的老闆。然而伯朗之後報告威卡公司歷史時絕口不提鮑爾，並讓自己取而代之成為威卡的創辦人。

威卡指遭受抹黑，正式採取反擊

讓我們回到威卡和伯斯勒以及投保會之間的戰爭。由於協會的攻擊，威卡股票價格在五月中到七月中這段期間，從高於十一歐元跌到低於四歐元。威卡嘗試轉移大家的注意力到新客戶身上，新聞部門宣布中東航空、土耳其航空和印度捷特航空成為威卡的新客戶。目標轉移沒有成功，威卡顯得有點絕望。

《歐元星期日》週報（*Euro am Sonntag*）引用伯朗的發言，威卡「沒有任何資金上的問題」，以及「我們只跟合法營運的公司做生意」。博弈遊戲的營業額占百分之二十至二十五。

威卡在七月十八日正式採取反擊，揭發投保會的代表史圖博是做賣空的人。一份新聞聲明裡說，投保會的動機受到「行為理事人自身財務利益影響」，經由短倉買賣「獲取的利益應該已達到千萬歐元」。

這一天威卡向慕尼黑檢方提出刑事告訴，指控伯斯勒、史圖博和史奈德三人內線交易和操縱市場。幾天後警察搜索了伯斯勒、史圖博、史奈德和投保會的辦公室。

伯朗現在可以不用再針對投保會的批評做回應，協會代表們失去了他們的可信度。伯朗說，投保會特意將威卡抹黑成做假帳的人，以便能從下跌的威卡股價中賺錢。這樣的攻擊是「全球現象」，「德國的監管機關也必須做出因應措施。」《世界》（*Die Welt*）日報引述他的發言。

現在不再是威卡站在聚光燈下，而是投保會。史圖博身為理事從中獲利，投保會吵吵鬧鬧讓群情激憤。

史圖博在七月二十三日退下副理事的位置，留下一篇有自信的新聞稿，說下台讓他有「更多額外的自由」。在即將來臨的冬季他想去滑雪，會「在山上小屋喝幾瓶啤酒，然後可能在雪地上隨地小便」，不會去寫《股市黑皮書》（Schwarzbuch Börse，投保會每年出版的年度報告）。新聞稿裡看不出來史圖博有一絲悔意。但是投保會的聲譽大大受損，好幾年都不能從這次傷害中恢復。

雖然威卡在這場戰役中幾乎大獲全勝，但據說董事會想徹底清除投保會的指責，因此在二〇〇八年八月委託安永會計師事務所（Ernst & Young）做評鑑。「為了把二〇〇七年度報告的所有懷疑與問題一掃而空」，威卡在一份新聞稿上解釋，會計師會「針對年度報告上的重點」做一次特別調查。所以不是針對整份年度報告。但是威卡從來沒有公開安永製作的報告。

之後二〇〇八年的年度報告中寫著，「監事會主席和董事會一起」聽取審查結果的解釋。「每一點都有談論，但是其結果基本上都不影響二〇〇七年度集團結算和營業情況的有效性和正確性。」報告裡沒說會計師什麼都沒發現，只說集團的結算不需要修正。

這是一個美好友誼的起點：威卡找到一個對企業特別友善的會計師，而安永會計師事務所爭取到一個好客戶。

威卡用歡欣鼓舞的新聞結束這一年：嚴謹的商品檢驗基金會（Stiftung Warentest）允許威卡處理信用卡支付；馬來西亞航空公司和大型超市利多（Lidl）成為新客戶。看起來他們挺過了賣空生意人的攻擊，股票價格在二〇〇八年八月又爬升到六歐元。

然而伯斯勒覺得這件事還沒結束。「我是緊咬不放的人。」但他那時候也不知道，這整件事對威卡而言也沒有結束。

威卡律師與投機者的戰爭

二〇〇八年伯斯勒常往十月啤酒節跑，他知道威卡的人常在凱菲爾的帳篷預定一張桌子。他在帳篷前面認識了兩個說英語的威卡員工。伯斯勒跟他們攀談，得知了驚人消息：威卡用伎倆規避美國嚴格的博弈法案，通過所謂的「花店」，也就是中間公司，可以更改博弈遊戲營業額的代碼。「他們取笑德國居然沒有人知道，他們說，每個人都知道。」伯斯勒聲稱。

二〇〇九年五月伯斯勒在一個私人聚會上也非常偶然地認識了一名威卡前員工，這名員工也證實了花店這件事：史帝芬・凱瑟以前在威卡負責博弈業務經銷。

然後伯斯勒在網路上發現一篇報導，據說是來自萬事達卡。報導說：威卡銀行沒有遵守博弈營業額的規定。文章是真是假沒有人知道。萬事達卡沒有發表意見。

無論如何，伯斯勒覺得這證實了他懷疑威卡替博弈供應商處理非法支付業務之事，於是他賭性再起，希望藉由威卡股價下跌的賭注賺錢。他再次買了許多賣空股票，並且試圖提升賭注的成功率。

他在二〇一〇年二月八日用電子郵件向慕尼黑第一檢察署，也向金融監管機構提出告訴，「因為威卡股份有限公司洗錢的金額高達十億以上」。他用另一個名字提出告訴。「我必須使用假名做這件事，因為我已經受到死亡威脅。」他指的是拳擊手到他辦公室前一事，「我很害怕。」

伯斯勒在指控中寫道：「威卡用欺騙手段成功讓美國國民可以繼續在線上賭博。」他指的是把博弈供應商的匯款代碼更改為無關緊要的花店匯款。

威卡的律師反擊。接下來幾周，他們想辦法讓檢察官不斷得到伯斯勒和史圖博的相關資料。根據調查檔案記載，律師彥斯和一位同事在三月二十六日曾經與調查人員談話，在會談中「被告人伯斯勒和史圖博的資產情況被拿出來研究」。伯斯勒的資產高達「幾千萬歐元」，而且「在馬約卡島上有一艘遊艇（價值至少一百萬歐元）」，史圖博估計至少有將近五千萬歐元的資產。投保會主席史奈德在審計師公會遭到抹黑，一位威卡的律師申請進行懲戒訴訟程序，他寫道：「審計師這個職業需要受人信任與尊敬，史奈德先生的行為不符合要求，有失身分。」並指責史奈德出席股東大會和之後接受訪問的行為。

伯斯勒這邊提供檢調人員萬事達卡的報導以及美國舒特案件的線索，這幾天德國也得知了這個案件。伯斯勒以書面詢問控告的處理結果，金融監管機構是否會和慕尼黑的檢察機構一起合作，是否會去威卡調查。他不斷打電話並告知他的真實姓名。不久，檢察官就明白這個人跟提告的匿名人有關。檢察官也懷疑：伯斯勒是否計畫新的賣空攻擊？

調查的檢察官雖然考慮過要與萬事達公司聯絡，卻做出相反的決定，「因為擔心詢問可能會公開被大眾聽聞。」調查檔案裡是這樣記載的。這筆記錄值得注意。也許這也是之後幾年檢方都沒有對威卡採取行動的一個原因：就連檢察官也擔心，德國企業會因為調查受到影響。

當伯斯勒四月詢問金融監管機關的調查進度時，他得知機關正在評估「整個案件是否有操縱威卡股份公司股票的嫌疑」。他因此推斷，針對他的調查還在進行中。之後才知道，他的銀行跟檢察機關通報他有新的空頭股票。

威卡新聞部門這一年也無法宣傳歡欣鼓舞的消息：Lekkerland、Mister Minit和購物頻道QVC將擴大與威卡的合作關係，但是公司以外沒人對這些新聞感興趣。

公司再度跟投機者宣戰。受威脅的劇本是這樣寫的：惡毒的賣空投機者攻擊老實的德國企業。威卡委託一家律師事務所對付慕尼黑的檢察官，另一家律師事務所應付金融監管機構。調查檔案中記載，有時候兩家律師事務所幾乎同時打電話到慕尼黑和波昂，金融監管機構的所在地。

被委託來應付慕尼黑檢察官的律師警告，「操縱股價的幕後主使人會繼續惡意中傷威卡的聲譽，並讓股價大跌。」

律師們提供調查人員一個賣空投機者的「行動計畫」，據說這份文件是有人匿名發給威卡的。「這是一份行動計畫書，指出行動的方向，企圖將威卡股份有限公司捲進犯罪環境。」威卡的律師這麼寫到。這份傳真首先沒有寄件人。稍後威卡律師補上「完整的文件」，這次有寄件人。負責調查的首席刑事警官在報告上提問，「為什麼在第一份傳真上沒有『寄件人』？為什麼律師『沒有直接寄傳真原件』，也就是有寄件人的原件給檢察官？」

關於萬事達卡公司的報導，律師的態度也不是很堅定。一開始主張它是偽造的，然後又表示「可能不是偽造的」，負責的檢察官在調查檔案裡做了這項註記。

除此之外，威卡還提供了一家ＩＴ偵察公司做的調查，他們監視了其他賣空攻擊的幕後主使人。「因此我請求您採取相關的刑事訴訟措施，」律師寫道。有趣的是，長期擔任威卡財務長的賴直到二〇〇〇年是這家漢堡ＩＴ安全公司母公司的監事。

金管會沒有發現不法情事

時間過去了，但是什麼也沒發生。然後是二〇一〇年九月十五日的早晨。伯斯勒在家，門鈴響時他剛從浴室洗澡出來。門外是檢察官。又是搜索嗎？不，這次不一樣。他們遞給他一張逮捕令。

慕尼黑第一檢察署視伯斯勒為撰寫股票報告記者網絡的首腦，這個網絡中的記者從二〇〇五年起就寫文章讓股票起起落落，以便他們對股價的賭注能賺錢。伯斯勒至少賺進了八百八十萬歐元。

「然後我出現了記憶中斷。」逮捕令一共有六頁，直到感覺到冰冷的手銬，他才回到現實。

伯斯勒的朋友史圖博也被逮捕。但是威卡對審計師史奈德和投保會的提告在法院上沒有成功。

伯斯勒在慕尼黑市艾特街的警察總局過夜，睡在一張木板床上。在按過指紋後，他被移送到慕尼黑東邊史塔德海姆（Stadelheim）的監獄。

威卡贏得了最終勝利。從二〇〇八年到二〇一〇年，威卡的營業額從一億九千七百萬攀升到兩億七千二百萬歐元。股價從二〇〇八年的最低點四歐元以下，到二〇一〇年年底攀升到十歐元以上。

伯斯勒說牢房很冷，而且沒有熱水。為了怕自己發狂，他在監獄內的圖書館和廚房工作。他也研究官司的檔案，這些檔案從牢房的活門遞給他。因為檔案越堆越高，最後他得到一個筆電和電子格式檔案。

伯斯勒的官司打越久，他的指責聲就越來越小，越來越少。二〇一二年三月，在吃了十八個月的牢飯後，他同意一項協議：伯斯勒認罪，在四十七件股票分析報告中沒有充分說明，他是以投資者身分提供他自己所擁有股票的相關資訊。對他來說最重要的是他當時不是因為威卡判刑，而且「我沒有對股票做不實陳述，我的判決書上是這麼寫的」。

他必須付十二萬七千歐元的罰金，可以保有從威卡和另外一件也被控告的案件Thielert公司在股市上贏得的利潤（金額幾百萬歐元），但是其他幾件同樣在法院上被控告的股票案件損失了上百萬歐元。伯斯勒說，總體來看他還是有「盈餘」。

被釋放後的他情況不好。「我需要一年的時間才敢再站在公共場所。二〇一三年二月我第一次重訪瑪麗安廣場，心裡沒有安全感。我覺得每個人都用手指著我。我是一個被蓋上戳記的騙子。」一些家人和朋友離開他。但是他還是說：「我還是會再做我做過的事，我問心無愧。」

德國金融監管機構BaFin在二〇二〇年解釋，他們收到伯斯勒的告訴後，把「更改信用卡資料代碼」相關的主題納入二〇一〇年「早就計畫好」的洗錢專案調查。「當時的調查人員並沒有發現威卡銀行有相關的不法情事。」

伯斯勒引發對威卡的調查行動在二〇一二年二月二十二日中止。慕尼黑檢察機關的一位發言人說：「匿名指控所引發的懷疑並沒有得到證實。」

第 7 章　征服世界的專家

馬薩雷克在全球收購公司，帶來的利益令人質疑

二〇一一年四月十五號是網路撲克史上的「黑色星期五」。美國法務部在那個星期五宣布，他們將要控告行業三巨頭撲克之星（Pokerstars）、全速撲克（Full Tilt Poker）和絕對撲克（Absolute Poker）的高階經理洗錢，經營非法賭博和銀行詐欺。他們對十一個人發出通緝。法務部分階段把撲克網站下架。美國賭客無法取得他們的結餘款。

恐慌迅速蔓延開來，美國境外的賭客紛紛抽回他們的錢。一部分生意雖然從全速撲克這幾家公司轉移到別的供應商，但是根據行業媒體的報導，全世界使用撲克賭局網站的人數整體下降。這個黑色星期五對整個行業是一記沉重打擊。

向外擴張成為國際集團

這場大地震似乎沒有影響到威卡。黑色星期五的兩天後，董事長伯朗說：「這個會計年度受活躍的電子商務發展影響。」並且說：「我確信，我們在歐洲正處於一個永續市場發展的開端。接下來兩年我們會在亞洲區逐漸國際化和擴張，並因此獲利。」到了七月，伯朗還是沒有看到任何問題：「目前這個會計年度，我們預計公司的營運會很好。」而且真的，公司不斷成長。二〇一一年威卡處理的支付業務金額高達一百五十五億歐元，較前一年成長了百分之二十三。營業額成長了百分之二十，達到三億兩千五百萬歐元。公司沒有問題。沒有一個地方有問題。

如果仔細觀察，卻可以看到集團中一個區塊發出隆隆聲響。如前所述，威卡從二〇〇六年起在英國的海外領地直布羅陀有一家子公司。他們當初是特別為當地許多線上賭場設立了這家公司，生意非常興隆。從二〇〇七年開始，這家子公司不僅每年能有一千兩百萬到一千六百萬不等的盈餘，還能將很大比例的數目匯給母公司威卡股份有限公司。到了二〇一二年，數目將近四千萬。

不過威卡在二〇一三年春天關了直布羅陀的公司。既沒在半年度報告裡，也沒在整年度報告中解釋這步行動的原因，這非比尋常，尤其這家子公司對集團意義重大。內部消息說是因為稅務原因關閉，這家公司的顧客被安排到威卡在愛爾蘭的子公司去了。直布羅陀的生意是否還繼續進行值得懷疑，但是威卡二〇一三年在歐洲的營業額因此減少了百分之三十，下降到一億兩千八百萬歐元。

對威卡而言，這意味著線上博弈遊戲的黃金時代已經過去。但似乎對集團沒有什麼影響，因為集團在世界其他地方的子公司獲利突然爆炸性成長。

二〇一一年到二〇一三年是威卡的轉型期。在此之前，集團主要是從歐洲向外行動的企業，現在伯朗把它改建成一個國際化集團並開始擴張，勢力跨出歐洲的範圍。所以又有一個新故事了：威卡，世界級企業。它在歐洲以外的營業額從二〇一〇年的八百萬歐元到二〇一三年攀升了大約十七點五倍，達一億四千萬歐元左右。二〇一三年年底，近一千兩百名員工中有近乎百分之四十的人在亞洲工作。整個企業越來越全球化，也越來越難以看透，連威卡在阿旭海姆總部的員工也看不清楚。

超級生意人馬薩雷克

在這段時期，年輕的馬薩雷克在公司內的地位越來越吃重。他在二〇一〇年晉升到董事會，取代董事會中的呂迪克・特勞特曼（Rüdiger Trautmann），特勞特曼「因為個人因素」離開了威卡。新聞部門發布消息說，馬薩雷克「從公司創立開始就影響了公司的成功發展歷程」。他是「整個技術和產品研發」領域的主管，因此也是「威卡集團核心領域負責人」，此外還是「不同子公司的老闆」。從二〇〇九年起他「也接手了經銷領域的核心領導任務」。

馬薩雷克之前負責威卡全部的技術，現在到了收穫時刻。他對業務瞭若指掌。一位董事會前顧問說：「馬薩雷克是所有人當中最專業的一位，他對市場的瞭解比其他董事加起來還要多。」一位員工說，馬薩雷克也努力改善他的弱點，例如他剛開始幾乎不會說英語，後來英語對他不再是難題。他在這個行業裡的地位不僅僅是受到認可而已。

他現在不再是那個穿著T恤和牛仔褲，像個工廠實習生到處跑來跑去的揚了。現在的他穿著貼身剪裁的西裝，戴名貴腕錶，在德國的時間越來越少，因為他跟全世界的金融工業連線。同事問他究竟什麼時候睡覺？「在飛機上。」

馬薩雷克在慕尼黑很喜歡聚會慶祝。如果他在公司，員工感受到的是一位友善的維也納人，彬彬有禮。他的口才特別引人注意。「只要他願意，他可以贏得大家的好感，轉而站在他那一邊。我不知道他是從哪裡學來的。我得花一個月的時間，才可能把話說得跟揚一樣好。」他以前的一位同事這麼說。

除了伯朗之外，財務長賴是馬薩雷克在公司裡另一個很重要的請益對象。馬薩雷克的一名前員工說：「他從賴那裡學到很多。」賴很有經驗，並且知道「如何架構生意」。他們兩個人把威卡從巴伐利亞邦的一家技術新創公司發展成生意遍布全球的集團。威卡必須成長，這是馬薩雷克的使命。他必須提供漂亮的數字以配合伯朗的成長目標。因此他繞著地球跑，一直在找尋可以跟威卡合作的新公司，或是可以直接整個收購的公司。

他的生意夥伴無時無刻都能聯絡上他，他似乎跟所有時區相容。

歐洲之外的新決戰中心成立於杜拜的網路城（Internet City）。那裡有兩間威卡的子公司，其中最重要的一間是中東支付卡系統公司（Card Systems Middle East），根據官方消息，它負責「經銷附屬產品和相關的增值服務」。年度財務報告裡沒有解釋這到底是什麼，其他很多東西也沒有解釋。即使是資深的威卡員工也說不清楚這指的究竟是什麼。

多年來這些子公司不為人注意。雖然他們的商業目的表面上不曾更改過，威卡子公司支付卡系統和它的「附屬產品和增值服務」盈餘卻突然爆炸性成長。從二〇一二年的一百七十萬歐元增加到二〇一三年的三千四百六十萬歐元。股東要到好幾年後才會知道成長的原因：因為威卡發現了與第三方合作的賺錢生意。這也是最後毀掉威卡的原因，不過發展到最後那一步還要好幾年。

瘋狂花錢購買客戶

伯朗和馬薩雷克花了不少錢讓公司擴張。二〇〇九年十二月到二〇一六年三月間，威卡為購買外國公司並包含發出的績效獎金，一共花了七億歐元。

這段期間，付出千萬歐元的代價購買客戶已成為威卡的常態。基本上，這並非不正當，但有時候價格很不尋常。威卡經理付給賣家的佣金是威卡買來的客戶息稅前獲利的十倍。這樣高昂的買價很瘋狂，這也確定，威卡有很長一段時間無法從這客戶身上賺到錢。不尋常的事還有付出的款項常常消失在不透明的結構中，讓人不明瞭是誰收到這筆錢。這個模式也不斷在威卡的歷史中重演。

二〇一〇年和二〇一一年，威卡從一個生意夥伴那裡買了顧客的聯絡資料。買價是威卡之後從這些顧客身上賺到的息稅前利潤的十倍，金額計一千七百二十五萬歐元。這筆錢沒有直接付給賣方，而是由威卡付給一個信託帳戶。但是從信託帳戶裡只有四百二十五萬歐元流進賣方的戶頭。無論如何，賣方是這麼說的。

剩下的錢怎麼了？

信託人在一封稍後給財務長賴的信裡聲稱，一共付出了一千三百萬給販賣客戶資料的賣家。但是賣家說，他只收到四百二十五萬歐元。這期間賣家已對信託人提出告訴。這個信託人從一開始就提供威卡很多服務，對此事件不願發表評論。

這件事在幾年之後才爆發出來，因為慕尼黑財稅局審計員要求販賣客戶資料的賣家提供一千七百二十五萬歐元的收據，而他無法提供，因為根據他的說法，他根本沒有拿到這筆錢。一千三百萬歐元到底怎麼了？流向何方？目前在誰的手裡？沒有人能確切說明白。威卡內部的人說，四百萬歐元流向威卡在直布羅陀的子公司，剩下的錢付給了三個外部的公司，其中一個外部的金錢收受者是威卡早期的第三方合作夥伴 Wafepay（見第四章）。Wafepay 的所有人目前是位於英國處女島的一家公司。這家公司又屬於誰，在島上的公司註冊資料上無法查核。

能掌握的是：根據威卡的簿記，一千七百二十五萬歐元流向威卡的一個合作夥伴，它賣客戶資料給威卡。實際上，大部分的款項流到其他地方去了。

威卡在亞洲的收購行動也讓人像霧裡看花。例如 Systems@Work 是在新加坡和馬來西亞提供支付服務的公司，威卡花了將近四千七百萬歐元買下。根據這家公司公布的資料，交易那一年的營業額只有三百五十萬歐元，盈餘五十萬歐元。威卡在購買行動完成一年多前就付了買價的一部分，這也完全不尋常。

但是最特別的地方是，威卡在收購前批准給 Systems@Work 一筆一千兩百萬元的貸款。然後 Systems@Work 用這筆錢買客戶資料，也就是購買跟網路商店的生意關係。

但並不是Systems@Work的老板自己想到要去買客戶資料，然後威卡趕快給一筆貸款，讓威卡收購公司之前一切不會出差錯。根據一位知情人士和一位生意夥伴的消息，反而是威卡的經理們替威卡談判購買客戶資料的生意，然後在收購之前把客戶資料塞給Systems@Work和其他公司。好像是要快點讓被收購的公司漂亮吸引人。

這樣的措施能否長遠令人質疑。Systems@Work跟一位生意夥伴有合約，根據合約內容，Systems@Work提供這家公司客戶，並可以獲得一千七百萬二十五萬歐元的報酬。合約上也記載有這些客戶的名字，但是部分客戶之前已被威卡其他子公司購買。根據賣方的消息，這份合約最後沒有被雙方執行，賣方沒有提供客戶，因此也沒有得到錢。儘管如此，合約中的客戶名字出現在Systems@Work的客戶名單上。

同樣的原則也運用在Trans Infotech公司上，這是一家位於新加坡的支付處理公司，在柬埔寨和越南也有生意。二〇一二年威卡收購了這家公司。交易的那一年，根據這家公司的年報指出，Trans Infotech的營業額只有三百萬歐元，而且還有虧損。審計師「強烈懷疑」Trans Infotech能否繼續經營下去。既使如此，威卡付了兩千五百五十萬歐元給Trans Infotech，包括績效獎金。

這家公司也被當成帶進客戶資料的工具。就在威卡宣布收購Trans Infotech的那一天，這家新加坡的新子公司花了將近一千七百萬歐元購買客戶關係。他們用公司債券購買，之後由威卡償還。

根據知情人士的消息，販賣客戶資料的賣家之一也是一千七百萬歐元的收受人之一，是一家位於英國處女島的公司。透過商業註冊的資料無法得知這家公司的背景。

威卡在印度尼西亞和在紐西蘭購買的兩家公司也用Systems@Work的原則買進客戶資料。其中一件生意的賣家又是一個位於英國處女島的公司，商業登記的影本上同樣看不出來公司的幕後人是誰。第二件生意的賣家是在巴拿馬的一家公司，我們也無法看出公司的所有人。

至於收購亞洲公司以及為了客戶資料付出的幾百萬歐元，從最後的結果來看，不論是對賣家還是對威卡而言是否值得都很讓人懷疑。

第 8 章

「簡直漂亮到不可能是真的」

格拉德貝克郊區的一位審計師很早就察覺到威卡暗黑祕密的蛛絲馬跡

湯馬士·柏格威特（Thomas Borgwerth）長得高高瘦瘦，戴著一副厚重的眼鏡，聲音沉穩安靜，既使心情激動也不會大聲說話。不，他的武器是數學，以及所有能給數學填充彈藥的東西，數字，數字，還是數字。

柏格威特念的是經濟學，專攻會計和管理會計。一九九一年他得到的第一份工作是在物流業的 Stinnes 股份有限公司的審核部門，負責定期審核集團子公司的財務報表。「在那裡我也要調查做假帳和詐欺的案件。」他很冷靜地說，「那時候我很驚訝，這種事常常發生。」但大部分都是小案子。「有時候是幾千馬克，這些案子也不會鬧上新聞。」這段期間他發現自己有發掘這類案件的愛好。「會計工作本來就枯燥。但是如果跟做假帳有關，精神就會抖攪起來。」

二〇〇三年柏格威特出來自立門戶，跟一個生意夥伴合開一間小型的企業顧問公司，並且管理一個股票投資組合。他們兩人不斷檢視上市的公司，尋找值得投資的公司。二〇一三年威卡出現在他們的視線。

研究威卡財務報表超過兩千小時

柏格威特覺得支付處理業務是個相當有意思的領域。越來越多人用簽帳金融卡或是信用卡付錢，不再是付現。線上交易因此成長。柏格威特當時認為威卡應該會從中獲利。

但是他想要瞭解得更透徹，所以做了他每次研究一家新公司首先會做的事：研讀財務報告，先瞭解這家公司的生意情況。「我記得很清楚，我讀了威卡財務報告的前三頁，然後必須笑自己，因為我一個字也沒讀懂。這種事不常見。於是我又把這幾頁重看了一次，還是沒有開竅。這讓我上了癮，我想知道事實，當時就是這樣開始的。」

柏格威特住在魯爾區北部格拉德貝克市附近一個家族傳了好幾代的農舍裡，遠離城市，周圍是樹林和草地。唯一干擾這個鄉村寧靜的是三十一號高速公路，但是在厚牆後面的工作室裡聽不到任何聲音。二〇一四年和二〇二〇年之間，他在這裡花了超過兩千個小時研究威卡。

他在這段時間抽了很多菸，工作室裡還飄著菸味。伯朗的公司不斷成長，卻從來沒有出現過問題，這是不可能的。但是當時沒人願意看見。當事跡越來越明顯的時候，他的菸也越抽越凶。

柏格威特的工作室裡有兩張書桌和幾個檔案櫃，但是到處都看不到紙、公司年度報告或是筆記紙條。他不需要紙來解釋為什麼他懷疑伯朗的故事，他只需要一個電腦程式。

「我如果分析一家公司，至少要評估十二季的季度結算，並且製作一張大的試算表，把資料彙整在裡面。例如我輸入個別業務領域的數字進去，或者按照公司做生意的區域做分類整理。我可以給你們看……」他啟動筆電，打開「威卡的成長以及稅息折舊及攤銷前利潤」檔案。

「你們在這裡可以看到威卡在息稅前的利潤，按區域分類，」柏格威特說，「看到所有數字的起伏嗎？」他指著螢幕。我們看到的是二〇一〇年到二〇一六年間個別區域的成長率在負百分之四十和正百分之七十之間來回擺動。「而每一季是這樣：如果在某一個地區的生意特別不好，同時間在另一個地區的生意就特別好，因此威卡每一年所有業務領域的成長率都在百分之二十五到三十之間。這簡直漂亮到不可能是真的。」

尤其是威卡從來沒有對這個現象做出解釋，柏格威特說。其他全球性集團在財務報告上都會寫著每個區域的營業狀況，例如在巴西，或是在亞洲，或是在杜拜的子公司。「威卡的年度報告上都只有整體情況，一切都很完美。上面沒有報告各個地區的問題。這讓我起疑。」

破解威卡的帳款漏洞

懷疑還不是判斷，所以他當時想瞭解威卡到底在做什麼。柏格威特得知，威卡核心業務是提供在付款過程中不可或缺的兩種服務。

威卡是所謂的支付服務供應商（Payment Service Provider，簡稱PSP）。PSP將一個顧客在網路上用信用卡付款留下來的資料生成一組數據記錄，然後把這組數據記錄繼續傳遞下去，最後資料抵達顧客的銀行，銀行再從顧客的戶頭上扣除一定的款項。PSP就只是負責傳輸數據。

由於威卡有自己的銀行執照，所以也是收單銀行。收單銀行負責傳輸錢。當它從PSP那裡得到資料，一位顧客在線上用信用卡付錢，收單銀行向顧客的信用卡機構索取這筆錢，並且把這筆錢扣掉自己的手續費，付給商家。收單銀行也要承擔用信用卡付費的風險。例如商家不出貨，顧客事後因此要求退錢，如果商家無法償還的話，收單銀行必須把錢退還給顧客。所以收單銀行也不會把它從信用卡機構拿到的錢馬上付給商家，而是先保留一部分。保留下來的款項對收單銀行而言是商家的抵押品。

想要瞭解為什麼柏格威特在其他許多觀察家之前好幾年就看到威卡的數字不對勁，我們必須瞭解收單銀行一般的財務報表是什麼樣子。一個假設的例子可以幫助我們瞭解。

第一部分：

一個職員受到他的兩個老闆委託，替一個同事準備生日禮物，因此他訂了一瓶五十歐元的葡萄酒，他沒有馬上付錢。葡萄酒到了，但是帳單還沒付。

面對酒商他有支付五十歐元的義務。

因為他不想自己付酒錢，錢應該由老闆支付，所以對老闆他同時有要求支付五十歐元的權利。

所以支付五十歐元的義務和索取五十歐元的權利是並存的。

第二部分：

第二天，這位職員從一位老闆那裡得到二十五歐元的酒錢。所以他已經有二十五元的現金在錢包裡。因為另一位老闆不在，所以他還欠這位職員他那部分的錢。面對這個老闆，職員還有索取二十五歐元的權利。

一方面這個職員對酒商有五十歐元的應付款，而他自己有二十五歐元的現金，因為一個老闆已經付錢了，以及向第二個老闆索取二十五歐元的權利。

所以他的應付款項等同於他的應收款項加上現金。

威卡的收單帳款原本應該也是這樣：

第一部分：

一位顧客在網路上訂了一雙一百歐元的鞋子，他用信用卡付款。當資料一抵達威卡，身為收單銀行的威卡欠商家一百歐元。所以在威卡的結算表上應付帳款是一百歐元。

現在威卡要求信用卡機構付這一百歐元。只要威卡還沒從 Visa 或是萬事達卡那裡拿到錢，威卡的結算表上有應付帳款一百歐元和應收帳款一百歐元。

第二部分：

當威卡從信用卡機構收到一百歐元的時候，索取費用的權利消失。因為威卡現在有這筆現金在戶頭裡面，與商家應付款項相對應的現在是一百歐元現金。

威卡處理的款項當然不止這一筆，而是很多筆，而且對信用卡機構應收的費用也不會全部同時付清，威卡就跟之前那位職員和他老闆的情形一樣。威卡面對他的商家有應付款項，與這個應付款項相對應的有待索取的費用和現金。

如同酒商的例子，威卡對商家的應付款應該等同於威卡對信用卡機構的應收款加上威卡從信用卡機構已經得到的現金。如果我們用圖表顯示，兩個高度應該一樣高。

「但是威卡的情形卻不是這樣，」柏格威特說：「威卡的應收款項加上現金比應付款項高。這是不可能的事。這樣一來威卡會收到比欠商家還多的錢。應收款項太高了。當我瞭解到這點，我確信威卡有地方出了很大的差錯。」

為什麼？

「我們拿煤炭商做例子。如果煤炭商想證明營業額比實際情況更多，那他會開帳單給根本沒出貨的客戶。營業額就增加了。客戶自然不會付帳單，所以煤炭商也不會有進帳，對假想客戶的應收款項就會越來越高。如果一家公司的應收款項不正常增加，這就是一個徵兆，表示某個地方不對。這適用於煤炭商，也適用於企業如威卡。而威卡對收單客戶的應收款項高於應該有的金額。」

根據柏格威特的邏輯，二〇一五年的應收款項超出兩億五千萬歐元，而這筆錢對這個時期的威卡而言是一大筆數目，相當於二〇一四年和二〇一五年的利潤。

現在這位財報專家不再把這項認知保留給自己。他聯絡研究威卡的記者，指出這項矛盾。

威卡不是工業；要瞭解財務報表也不容易，在大學肯定需要修過一學期的課。許多研究威卡好幾年的分析家在最後並沒有讓人感覺到他們曾經瞭解過這些數字。柏格威特跟他們不一樣，而且讓人感覺舒服的是，他不對威卡窮追猛打，也不跟其他網路論壇的批評者一樣發展出陰謀論。柏格威特就是算數學，只根據威卡年報的數字驗算。這些年來，他成了那些想瞭解威卡的人的指導老師。

沒有分析家懷疑應收帳款的數字

發行時事快報*Finanz-Szene.de*的記者漢斯—羅傑・都姆斯（Heinz-Roger Dohms）在二〇一六年秋天詢問過威卡，柏格威特計算出來「超額的」應收款項是怎麼回事。

威卡向他解釋，威卡在歐洲以外的大部分國家不能成為收單銀行，因為他們沒有必要的營業執照。為了能在那裡繼續處理支付業務，威卡必須在這些國家與當地的銀行合作。為了避免外部夥伴產生損失，例如如果威卡介紹的客戶是騙子，威卡拿出擔保給他的夥伴。在威卡的財務報表上，這些擔保就是以應收帳款的項目出現。所以威卡在收單業務上的應收款項比一般多出了兩億五千萬歐元。

對這行業熟門熟道的人其實應該馬上看出威卡的故事有一個疑點。收單銀行處理一筆支付業務，總是會將從信用卡機構拿到錢留下一部分，過一段時間才會付給商家。其實收單銀行已經有了擔保。從威卡的年報上看來，擔保不夠的可能性「很低」。收單銀行應該不需要威卡付出額外的擔保，尤其不需要高達兩億五千萬歐元的擔保。「其他的支付處理公司也要求擔保，但是金額只是小筆的幾百萬歐元，不是兩億五千萬歐元。」柏格威特說。

在記者都姆斯披露了「超額」的應收帳款之後，每個分析家都應該要起疑心才對，但是情形卻不是這樣。這件事只引起了幾個狂熱者的好奇。

柏格威特對分析家的看法不是很好，他說：「我很清楚，直到別人發現伯朗說的故事不對需要一段時間。但是我作夢也沒想到居然要六年之久。」柏格威特尋求一個解釋，然後在童話故事〈國王的新衣〉裡找到。

這個童話故事敘述一個國王花了很多錢讓兩個騙子替他縫製新衣，只是這件新衣從來就不存在。騙子騙國王說，只有稱職的人和不笨的人才能看見新衣。

出於內心的虛榮和不安，國王沒有說出來他看不到衣服。而國王展示新衣給其他人看時，其他人也盛讚衣料漂亮，就怕說出自己太笨看不見衣服。

「我覺得威卡的情形也很雷同，」柏格威特說，「一定也有一些分析家覺得威卡的數字不能讓人信服。但是當其他人都在替威卡歡呼的時候，沒有人有勇氣承認自己不瞭解這些數字。如果這些數字真的是正確的話，沒有人想當笨蛋。對於在金融僻壞格拉德貝克的我而言是無所謂。」

一直要過了好幾年，柏格威特的懷疑才得到公開證實都是對的，「超額」的應收帳款有些不對勁。這些年來，柏格威特的太太和女兒常常見不到他，因為他坐在工作室裡好幾個小時，一邊抽菸，一邊將數字輸入試算表。一旦開始就停不下來。這段期間裡很多朋友對他說：「湯馬士，你鑽錯牛角尖了。」

現在可以確定，讓柏格威特開始調查的應收帳款，是威卡和位於杜拜、新加坡以及菲律賓等地可疑的夥伴做生意所產生的。據說這些夥伴替威卡的客戶處理支付業務，然後把他們欠威卡的佣金當作擔保留下來。二〇二〇年威卡出現了將近二十億歐元的缺口，這些錢本來應該是要由這些夥伴付的。柏格威特早在二〇一四年用他的電腦軟體發現了這樁可疑的生意，六年後成了威卡破產的原因。

第9章 一千零一個疑問

威卡與杜拜、新加坡和菲律賓夥伴間不可靠但又不可或缺的生意關係

杜拜網路城市區的商業中心Al Kazim雙子星塔看起來像是要從沙漠發射到藍天的兩支火箭。這座雙塔建築很像紐約的克萊斯勒大廈。據說替德國支付業者威卡帶來美妙利潤的公司Al Alam的辦公室就在其中一座塔裡面。

樸素的網頁上面沒有聯絡人，但是有這個地址。隨著八級大理石階而上，經過兩座各有七個水柱的噴泉，再穿過一條兩旁有商店和餐廳的走廊。A塔的電梯滑上第十九層樓，Al Alam的辦公室在一九〇五A，一扇深棕色木門後面。不可能會有浩大場面，因為這層樓的大面積被其他公司占去。門鈴在木門後的辦公室裡迴盪。一陣沉寂，沒人應門。

我們就這樣對威卡的生意部門展開線索調查，這個部門能提供威卡勁爆成長的故事題材。

這是和第三方夥伴合作的生意，所謂的第三方收單人（Third Party Acquirers, TPA）。根據威卡自己的資料，他們二〇一三年開始跟Al Alam合作生意。威卡靠Al Alam和其他生意夥伴賺來的收入到最後超過威卡一半的營業額，相當於全部的利潤。威卡的整體成功全仰賴這些夥伴。

威卡需要第三方夥伴到底做什麼？

當公眾知道威卡有這些生意的時候，威卡的董事會陳述了下列故事：威卡在歐洲境內通常可以自己處理支付過程，因為威卡有必要的銀行執照。在那些威卡沒有執照的國家，支付業者必須跟有執照的銀行合作。Al Alam的任務是替威卡和銀行牽線，Al Alam以及其他公司的工作就是威卡跟銀行的中介。

但是真實故事不是這樣。

從威卡內部的簿記和多年後畢馬威會計師事務所（KPMG）的報告得出來的故事是這樣的：威卡把客戶，例如網路商店，介紹給生意夥伴如Al Alam，由生意夥伴幫客戶處理支付業務。相對的，威卡可以從生意夥伴那裡收取佣金，佣金多寡取決於生意夥伴從威卡介紹來的客戶那裡創造出來的營業額。最後這些佣金占了威卡收入的一半以上。

貝倫豪斯再次在這種生意中扮演了要角，他在威卡草創初期整頓了威卡混亂的數字，之後又把一家銀行納入集團。現在他在杜拜的任務是建立威卡子公司中東支付卡系統。這家公司實實在在是威卡公司的金礦：利潤從二〇一三年到二〇一八年成長七倍到兩億三千七百萬。二〇一八年貝倫豪斯貢獻了歲入盈餘的百分之六十以上。

貝倫豪斯在杜拜因為熱愛快車出名：一輛漂亮的白色賓士SLS AMG引起同事注意，新車價格大約是二十萬歐元，他常開著這輛車呼嘯過市區。住屋也一樣，他喜歡讓人驚嘆的房子。據說他住在世界最高大樓的一間公寓套房裡，哈里發塔，高八百二十八公尺。

貝倫豪斯在杜拜的角色很令人起疑。知情人士透露，他不僅是威卡在杜拜的靈魂人物，在生意夥伴Al Alam那裡也舉足輕重。杜拜威卡甚至曾經坐落在Al Kazim商業中心裡，距離Al Alam只有幾步之遙。據說貝倫豪斯也在Al Alam的辦公室裡工作過。根據員工的認知，貝倫豪斯也曾領導過這家公司。他曾在公司內下過指令，透過Al Alam公司內的電郵可以聯絡到他。貝倫豪斯的律師不想對此發表評論。

Al Alam這間公司到底在做什麼？

阿布達拉・圖基應該知道。這位五十四歲的商人出生於黎巴嫩，在維也納長大。他擁有維也納一家支付服務公司和瑞士一家能源公司的股份。目前他住在卡達，在法國和約旦也有房子。他遊走在不同世界之間，會說德語、英語、法語和阿拉伯語。他是貝倫豪斯的朋友。

他的故事是這樣的：西元二〇〇〇年代圖基結識了貝倫豪斯，並透過他跟伯朗，尤其是跟負責拓展亞洲市場的馬薩雷克建立起關係。「我很驕傲能認識威卡的頂尖人物，畢竟威卡是德國金融科技業的神童。」圖基如是說。

圖基在二〇一一年把一間他有持股的公司 Procard 賣給了威卡。這是一家位於杜拜的支付業務公司，擁有當地的客戶。公司賣掉以後，馬薩雷克和貝倫豪斯請求他繼續做公司顧問，圖基說：「他們需要一個瞭解中東的人。」圖基給我們看威卡員工寫給他的求助電子郵件：二〇一〇年在杜拜徵才，二〇一二年在喀布爾徵才。不僅如此，圖基也介紹客戶給他們。他又拿出一封威卡的信。「我們很樂意跟您確認，您為我們介紹客戶（……），每年暫時會收到一筆仲介費。」圖基說：「我為他們打開大門，這是我的任務，別無其他。」

然後，應該是二〇一一年左右，他的朋友貝倫豪斯又請他幫了一次忙。他需要替新公司找一個新員工。圖基幫了這個忙。他把貝倫豪斯和約旦人默罕納德 A 牽在一起，默罕納德以前替圖基工作。根據圖基的說法，貝倫豪斯要建立的新公司之後叫做 Al Alam。貝倫豪斯的律師對此沒有發表意見。

威卡不想要出現在自己帳本上的客戶，就交由 Al Alam 處理匯款轉帳業務。圖基說他是這樣理解的。這樣的情形在威卡的故事裡也經常出現。兩個威卡員工解釋，貝倫豪斯就是這樣跟他們詮釋Al Alam的角色。一位員工說：「威卡的帳本上不想看見這樣的客戶，例如在網路上用可疑成功故事來販賣生髮和豐胸藥劑的網路商店，或是不可靠的婚姻仲介。」

圖基以前的員工默罕納德A設立了Al Alam公司。「從那時候起發生的事我就不知道了。」圖基說。

默罕納德證實他是Al Alam的創立人，最後也是所有人。貝倫豪斯稱呼他為「合作夥伴」。默罕納德說，公司有很多業務範圍，其中一個部門負責替威卡顧客處理轉帳業務。生意的確切內容和範圍？沒有答案。他雖然到二〇一七年是Al Alam的老闆，但是沒有處理過這部分業務。負責威卡業務的另有其人：佳寶．偉佳（名字做過更動）。這位有匈牙利護照的男士在公司註冊上被登記為負責人，也有電子郵件是以他的名義寄給威卡。對於我們的詢問，偉佳沒有回應。

一位Al Alam的員工描述，在Al Kazim塔辦公室工作的人屈指可數，就連那些人也不一定是在總部工作。公司所有人默罕納德A證實這一點，他說公司最多只有四名職員。威卡的員工說，他們在Al Alam也只偶爾見到一兩個人。當威卡自己的辦公空間太小的時候，甚至會有員工搬過來工作，因為Al Alam的辦公室空著。但是威卡並沒有搬家。Al Alam網頁上的電話幾個月沒人接，電子郵件沒人回。威卡的一些員工，即使在關鍵崗位工作的員工也說，他們從來就不瞭解這家公司到底在做什麼。「這對許多在職員工來說也無所謂，」一位在威卡破產後又找到新雇主的人說，「他們說，貝倫豪斯在杜拜做很多生意，帶來很多利潤和營業額，就是這樣。」

Al Alam是一間虛設的公司嗎？

Al Alam的一位前員工說，貝倫豪斯幾年前派了好幾個人前來辦公室，因為有客人從德國到訪。這位前員工從前不曾見過這些在這一天成為他同事的人。所有人都得到指示，只要訪客還沒走，就要常去找貝倫豪斯跟他討論工作，營造很忙碌的假象。當訪客一走，貝倫豪斯大大鬆了一口氣。這位前員工給我們看一張皺巴巴的名片，這是德國訪客給的，上面寫著安永會計師事務所會計師的名字，他負責審查威卡的年報。當時圖基也在場。貝倫豪斯的律師對此不予評論。

二〇一七年Al Alam的所有人默罕納德放棄了負責人的職位。至於原因，他只說他對生意瞭解得不夠。威卡顧問圖基說，默罕納德曾跟他說，他的「感覺不好」。圖基建議他：「離開這家公司，讓貝倫豪斯先生處理一切。」默罕納德只是一個擋箭牌？圖基說：「我認為這家公司是由其他人領導，但我不知道是由貝倫豪斯先生，還是別的人。」

一位在公司總部負責爭取客戶的威卡職員說：「我們看見威卡的營業額年年明顯成長，

但是營業額不是從我們的客戶那裡來的。如果我們詢問新的營業額從哪裡來，得到的答案總是：這些都是經由杜拜過來的生意。」

杜拜的情形正好相反。那裡的威卡子公司的一位職員很訝異，杜拜的利潤一年一年升高。「但是我們沒有看到生意變多，」一位在重要位子上工作的員工說，「我們帳本上經手的轉帳業務一目瞭然，剩下的是經由阿旭海姆。」

雖然Al Alam的收入占了杜拜利潤最大一部分，而且辦公室最初也在同一棟大樓，只有幾步之遙，後來離威卡辦公室也只要十五分鐘車程，但是Al Alam對杜拜子公司的職員來說仍是一個黑盒子。雖然Al Alam應該付的佣金是屬於杜拜公司的業務，但是杜拜子公司的財務長也不知道Al Alam和威卡之間是什麼關係。二〇一八年初，他在電子郵件裡抱怨，「我們有一大筆數目的轉帳業務不透明」，而且杜拜子公司的許多收入和支出被登記在慕尼黑的帳上。

慕尼黑的會計知道杜拜子公司的簿記情形嗎？

不全然。他們定期收到Al Alam及其他公司應付給威卡的佣金帳單，也把這些數字登記在系統裡的收入項目之下。但是除此之外並沒有進一步的轉帳行動。

二〇二〇年初Al Alam的生意據說轉移到另一家位於另一個地址的公司。因為《金融時報》（*Financial Times*）揭露，威卡極大部分的營業額來自Al Alam，但是《金融時報》的編輯和《經濟週刊》（*WirtschaftsWoche*）沒有發現更多關於他們之間有大生意往來的線索。Al Alam的聲望受到打擊，因此不得不踏出這一步。一位威卡的知情人士這麼表示。

安永會計師事務所的會計師在二〇二〇年三月確信，這一切對威卡來說都不構成問題。馬薩雷克和其他的威卡工作人員陪同會計師到杜拜阿聯酋摩天辦公大樓的二十二樓，一個昂貴的地點。門上掛著一個門牌，公司名稱是Symtric。

一位當時在場的人說，辦公室裡坐著數十位Symtric職員，Al Alam的官方老闆偉佳也在那裡。然後大家在會議室就坐。

一位英國人介紹自己是公司的策略主管。他解釋說，Symtric和Al Alam同屬一個集團。威卡和這個集團中的另一家公司有合約，也就是香港的Al Alam控股公司，它類似一種信箱公司，屬於杜拜的Al Alam Solutions。但是威卡客戶的轉帳業務還是由在杜拜的Symtric來處理。會計師問了幾個問題，致謝，然後離開了。「一切都很有說服力，沒有理由懷疑這家公司的可信度。」一位參與的人如是說。

Symtric是一家從事真正買賣的真公司，還是為了欺騙審計人員和威卡員工虛蓋的波坦金村？

一位前Symtric員工陳述，他從來不知道公司裡有人在處理支付業務，也沒聽說過威卡的名字。就他能見到的範圍，Symtric只有幫忙客戶發展網路商店。至於Al Alam的前負責人偉佳，根據這位員工的感覺，在公司裡並沒有什麼話語權。他也沒聽說過什麼英國的策略長。公司裡的重要決策是由另外兩位男士決定，員工只稱呼他們「克里斯」（Chris）。他寄給我們兩個電話號碼，可以聯絡到其中一個「克里斯」，一個號碼的國碼是奧地利，另一個是杜拜。沒有人接電話。我們用WhatsApp詢問，「克里斯」回答他是Symtric的客戶，隨後他馬上刪除訊息，並不再做任何回應。

這位前員工還清楚記得德國來的代表團。「我們被告知，這些人是重要的投資者，所有人都要到辦公室來。」所以這一天的人比平時都多。有些工作人員他以前不曾見過。

在審計師來訪後不久，Al Alam解散的消息在二〇二〇年五月公開。繼任公司Symtric在二〇二〇年六月中也從商業註冊中除名。根據阿聯酋辦公大樓接待小姐的答覆，Symtric在那裡也沒有辦公室了。

一個跟威卡每年有上億歐元營業額的公司經理會這麼做嗎？

威卡第二個重要夥伴，新加坡的Senjo，看起來也沒有更可靠。Senjo Group創建於二〇一五年，外表是一個新創公司投資者和支付處理業者的混合物。根據這家公司的說法，他們要求自己建立一個由高度成長公司結合的「世界級生態系統」。據說他們在日本、印尼、馬來西亞、緬甸、泰國、盧森堡和英國都有分公司。根據公司的資料，他們在亞洲、歐洲、北美洲和非洲「絕大多數的大市場上」都有生意。

Senjo可能沒有固定的辦公室。人們可以在Senjo所提供的總部地址大樓裡租用辦公室，可以租幾個鐘頭，或是幾天。

一位在二〇一八年前替Senjo工作的前經理說，他從來沒聽說公司替威卡的顧客處理支付業務。

從新加坡的商業註冊上可以找到Senjo的許多經理和兩個官方所有人，但是沒有人願意談話，例如告訴我們誰在Senjo有決定權。實際上Senjo是由一個威卡的老朋友在幕後操縱：詹姆士．亨利．歐蘇利文，一個英國商人。他很少以公司所有人或是負責人的身分正式出現，但是在幕後操縱了多家公司，尤其是跟威卡做生意的公司。他是馬薩雷克的朋友。

他的名字沒有出現在新加坡Senjo的商業登記上。但實際上很多跟Senjo有生意往來的人說，歐蘇利文替公司做重要決定。二〇一九年和二〇二〇年調查威卡第三方合作夥伴的畢馬威會計師事務所的審計師也想跟歐蘇利文會面，不是沒有原因。但是會談沒有舉行。一位威卡的員工證實，歐蘇利文是Senjo代表。難道他不奇怪，一個既不是老闆也不是所有人的人主導一家公司的生意？「不，歐蘇利文只想待在幕後。」這在這個行業很普遍。

歐蘇利文的事業可以追溯到支付服務業，跟威卡很像，原本主要也是替色情業和博弈業服務，公司名叫Waltech。當時歐蘇利文在網站上的頭銜是「常務董事」，有多年「研發和經銷創新技術」的經驗，尤其是網路付費系統。

在二十一世紀第一個十年，威卡就已經用Waltech的支付服務Walpay來處理高危險群客戶的業務。當時在威卡負責博弈業務的員工證實這點。

透過一位從Waltech換到威卡工作的員工，歐蘇利文和馬薩雷克有了聯繫。從公司內部得來的消息指出兩個人很投緣。在一封電子郵件裡，歐蘇利文稱他的朋友馬薩雷克「雙面人先生」（Sir Janus）。歐蘇利文在以前公司填寫的住址位於摩納哥的一處高級區，他還擁有住屋附近的一家餐館。同事說，馬薩雷克以前曾到這裡拜訪過他。之後在阿旭海姆本部就流傳著香檳派對和一級方程式賽車的照片。

這位英國人偶爾也會去威卡公司看看。他長什麼模樣？身材健碩，一頭深金色頭髮用厚重髮油向後吹整，襯衫領口大大敞開。「追求享樂的人。」一個在馬薩雷卡辦公室看到他的人形容，他們兩個人面前的香檳酒杯引起他的注意。威卡在啤酒節請客時，歐蘇利文也常出現；他也曾參觀過紐柏林賽車。

歐蘇利文最後住在新加坡，在人眼中是個禮貌內斂的人。他的生意夥伴說，他常常喜歡讓別人發言。他跟威卡的關係在業界和在威卡公司內都不是祕密。但是威卡需要這個英國人做什麼生意，許多在巴伐利亞阿旭海姆總部工作的人並不清楚。有些人說，馬薩雷克和歐蘇利文談的是大生意。

歐蘇利文的 Waltech 歷史跟威卡的擴張政策有相合之處。根據公司的資料，從二〇〇八年起開始在南非營業，二〇〇九年印度，二〇一一年在模里西斯。威卡也在同樣的區域營運。

除此之外還有有趣的交集。南非人彼得 S（Peter S.）曾經和歐蘇利文一起建立支付處理公司 Pay2，稍後他是威卡二〇一四年在南非建立的子公司老闆。

歐蘇利文曾經出現在二〇〇九年 Waltech Asia 股份有限公司的經理名單上。這間公司後來改名為 Bijlipay Asia，並且和威卡做生意。Bijlipay 甚至從威卡那裡得到一筆貸款，二〇二〇年的債務將近七百五十萬歐元。

威卡也給 Senjo 一筆貸款於二〇一六年併購支付處理商 Kalixa。這家公司現在叫做 PXP Financial。

威卡的第三大夥伴是PayEasy。這家公司位於菲律賓，確切說是在馬尼拉郊區的一個購物中心裡。這家公司直到二〇二〇年是在克里斯多夫・鮑爾的名下，主要股東是他太太貝琳達（Belinda），其他的股東顯然是他的兩個小姨子和一個妹夫。鮑爾在創建公司前是威卡的員工。他同時經營一家巴士公司名叫Fröhlich Tours，他也是從購物中心指揮巴士生意。

二〇一一年PayEasy在網站上還很坦率公布公司服務哪些顧客：「高危險生意領域的商家」。根據內部資料，PayEasy真的跟威卡做了很多生意。但是二〇一七年六月底PayEasy積欠它的夥伴威卡一億兩千三百萬歐元的佣金。

PayEasy數字讓人懷疑這家菲律賓公司真的有那麼大的生意。單單二〇一七年第一季，威卡透過PayEasy有三千九百萬歐元的營業額，PayEasy應該保留其中的一千八百萬。照理說，PayEasy應該也把這筆一千八百萬歐元出示為營業額。但是PayEasy Solutions在二〇一七年的帳上顯示沒有收入。

PayEasy在網站上公布，阿聯酋航空公司、連鎖飯店Holiday Inn以及馬尼拉賭城City of Dreams都是它的客戶。但是在我們的詢問下，這些公司表示跟PayEasy沒有任何關係。

這些聽起來像是可信任的公司嗎？

威卡有針對PayEasy的顧客做帳，並把這些顧客登錄在試算表裡。如果我們用網路搜尋引擎搜索這些客戶名，出來的大多是色情網頁。根據威卡的客戶名單，PayEasy應該是跟盧森堡的支付處理業者Escalion合作，它屬於Docler集團，這個集團是色情網站茉莉直播背後的老闆。跟Escalion提起PayEasy，他們卻說：「我們不認識這家公司。」

二〇二〇年八月PayEasy老闆克里斯多夫．鮑爾死亡的消息公開。根據菲律賓法院的說明，四十四歲的鮑爾是自然死亡，根據死者母親所言，鮑爾死於敗血症。沒有外力介入的線索。

這些就是威卡最重要的第三方合作夥伴，據說他們就是威卡美麗成功故事的保障。但是跟PayEasy、Senjo和Al Alam的生意幾乎從一開始就有一個關鍵瑕疵：它們幾乎沒有帶來一分錢。

這三個夥伴原本應該付佣金給威卡，因為他們從威卡介紹來的客戶身上賺錢，二〇一六年單單為了轉帳就賺了兩億九千零五十萬歐元。經過威卡的同意，第三方夥伴通常會先把錢保留下來。官方的理由是，如果跟威卡介紹的客戶間生意出現虧損，第三方夥伴可以支用保留下來的佣金。佣金被當成所謂的擔保，但只是暫時的。Al Alam等公司必須在某個時候把錢付給威卡，但是他們都沒有付錢。

金額從很小開始慢慢累積。例如二〇一三年二月Al Alam欠威卡在杜拜子公司支付卡系統四十四萬兩千歐元的佣金，到二〇一三年十二月，佣金攀升到每個月超過一百萬歐元。但是Al Alam沒有付錢，該給支付卡系統的佣金積欠著。下一年還是重複同樣的事。前一年的佣金沒有付，Al Alam每個月再欠支付卡系統新的佣金。根據威卡的會計帳，Al Alam這樣產生的債務在二〇一四年只有三百七十萬美元被付清，但不是由Al Alam自己償付，而是從威卡在直布羅陀的子公司，但是這家子公司其實在二〇一三年已經關了。剩下的債務繼續留著。

時間到了就會成為問題。在財務報表上，威卡應該從第三方夥伴那裡得到的錢顯示為應收帳款。而應收帳款出奇的高，格拉德貝克的結算表專家柏格威特在二〇一四年就已經注意到了，雖然那時候跟第三方夥伴合作的生意還算比較小。如果應收帳款以相同速度繼續向上攀升，即使是最友善的股票分析家或是投資者總有一天會發現，威卡坐在一座由欠款帳單堆積成的山上。

威卡必須拿出解決方案，找到的方法是信託帳戶。威卡決定未來要這麼做，好似第三方夥伴真的把積欠的佣金付給威卡，但不是直接付到威卡的公司戶頭，而是信託戶頭，受益人是威卡。二〇一六年年底，根據威卡內部的簿記，PayEasy、Al Alam和Senjo應該付三億六千兩百九十二萬五千七百二十二歐元到信託帳戶裡。表面上他們選擇了一個設計，如果威卡的顧客造成第三方夥伴損失的話，第三方夥伴還是可以繼續支配信託帳戶裡面的錢。

這個改變對威卡來說有一個非常關鍵性的優勢：威卡自己的帳本上再也沒有Al Alam和其他公司積欠的帳單。透過匯款到信託帳戶，這些帳單表面上被結清了。所以威卡現在（至少帳面上）帳戶的存款累積成長。看起來好像擁有很多現金，企業體質好像很健康。

「在這之前，我以為威卡可能虛構了根本不存在的生意所帶來的營業額。威卡的應收帳款之所以會不自然成長，就是因為虛構的生意不會有進帳。」結算表專家柏格威特說，「但是威卡現在有很多現金，這對我的假設來說是一大問號。」

因為一家公司的現金存款在專家眼中是公司結算表上不能操縱的數字。董事長一般無法在這個數字上做很多變化，戶頭上不是有錢，就是沒錢。一個查帳員可以很輕易地查核。

二〇一九年年底信託戶頭的存款已經高達十九億歐元。不久就被發現錢不在那裡，帳戶是空的。

從威卡的會計帳上和畢馬威會計師事務所的一個報告上看出，威卡員工幾年來根本沒有仔細檢查是否真的有錢匯進來。他們以合作公司的帳單以及信託人給的帳戶資料為匯款基礎登記在帳上。

比對戶頭的對帳單？沒有。

一位經理說，他想從會計那裡知道更多關於這個信託帳戶的情形，他得到下列訊息：「戶頭在信託人的名下，這不是我們戶頭的對帳單。我們需要這筆錢做為第三方合作生意的保證金，像一本儲金本，像租房的保證金。」

更大的醜聞是，威卡公司的審計員也沒有仔細檢查錢是否在那裡。審計員檢查一家公司的年報不能只相信公司的資料。尤其是關於銀行帳戶，規定得非常嚴格。審計員必須讓銀行確認公司的資料，而且是直接取得銀行證實。這個證明不能事先給公司，必須直接由銀行寄給審計員。也是由於這個嚴格的規定，一家公司的現金存款被認為是公司結算表裡不能被操縱的項目。柏格威特說：「因此有一段很長時間，我並沒有懷疑威卡出示的現金不在那裡。」

安永會計師事務所沒有向銀行索取這樣的證明，就點頭通過威卡二〇一八年的財務報表。這樣的結果表示，安永確認威卡的信託戶頭在二〇一八年年底（那時候還只有）有十億歐元，但是他們沒有仔細檢查錢是否在戶頭裡。

為了拯救安永的聲譽，這裡必須補充說明，二〇一八年的審計員為了測試，至少要求過威卡的信託人匯五千萬歐元到威卡的公司戶頭，這在十二月十九日做到了。

安永的知情人士提出論點，嚴格的規定只適用公司自己的戶頭，不適用信託戶頭。但是其他審計員反駁，那麼威卡的信託戶頭就不應該當成是公司自己的戶頭處理。威卡不能把信託戶頭裡的存款當成現金出示在帳上。投資者必須能信賴，一家公司的每筆現金都用同樣嚴格的規定審查，要不然必須提醒投資者情況並不是這樣。

安永沒有檢查戶頭，只是相信一個又矮又胖的新加坡人。他是拉加拉南．山姆嘉拉南，五十四歲。他的朋友叫他「山」（Shan），他們說，他在小印度市區經營一家名叫「刺蝟」（Hedgehog）的夜店，這家店是他最大的驕傲。

在這間酒吧的臉書上可以看到老闆的照片：一位禿頭男士手上戴著手鍊，有時候穿著紐西蘭國家橄欖球隊的球衣，有時候穿著花襯衫。一個很尋常的人，顯然很喜歡與朋友為伴。在「刺蝟」酒吧裡，他讓衣著清涼的女孩圍著羽毛圍巾跳舞，現場有音樂伴奏，他也喜歡站在吧台後面服務客人。

白天他是商人，跟威卡的亞洲區負責人布麗吉特．侯瑟—阿克斯特納以及歐蘇利文很熟。二〇一八年山姆嘉拉南一家人和侯瑟一起參加了一場馬拉松賽跑。山姆嘉拉南的主業是「城堡公司服務」（Citadelle Corporate Services）公司的所有人和負責人，辦公室在新加坡的商業大樓Peninsula Plaza，五樓裡面有外幣兌換，旅行社，電信行和食品店。這座建築群裡還有一棟二十五層樓高的辦公大樓，散發著一九八〇年代的氣氛。這裡並不是城裡最好的地段。

根據他自己的說法，城堡公司從一九九九年開始在這裡為中小企業服務，替顧客成立公司、記帳、報稅，還有就是信託服務。直到二〇一九年十二月城堡替威卡掌管信託戶頭，也就是Al Alam和其他公司到二〇一九年年底一共匯進大約十九億歐元的帳戶。安永相信山姆嘉拉南提供的帳戶資料。一位熟悉內情的人士說，大概在二〇一九年三月二十六日大家在阿旭海姆見面看資料。二〇一九年四月十二日，城堡公司再次用書面證明，二〇一八年年底威卡的信託帳戶裡有十億歐元。但是城堡公司的老闆稍後聲明，這封信不是他寫的，他沒有證實信託戶頭裡有相關的存款，而且他從二〇一七年三月開始就已經不再擔任威卡的信託人。新加坡檢方顯然不相信他，指責他捏造戶頭的存款，這些錢根本不存在。

唯一能確定的是，安永和威卡的員工太相信這個矮胖的酒吧老闆，以致產生致命的結果，但是直到二〇二〇年才為人所知。

第10章 三億兩千萬不翼而飛

倫敦一個新的對沖基金探究一件可疑的印度交易，威卡拿出慣用的手法轉移注意力

二〇二〇年七月的倫敦，地鐵幾乎是空的，城裡的購物街牛津街上只有幾個路人，整座城市還籠罩在新冠疫情下。「敵人」就在這一區。「敵人」是馬薩雷克用來形容金融大都會對沖基金的名詞。

韋爾街一號，在福來莎百貨和丹本漢百貨之間，三樓。電梯門開，敵人站在裡面，他穿著短褲和運動鞋。奧立佛．柯柏和布魯斯．艾摩利，兩個年輕運動型男士，以及菲亞．迪麗琪亞，一頭深色長髮，她沒穿短褲，而是黑色牛仔褲搭配一件伐木工人襯衫。三位主人很有禮貌，常常開懷大笑，公司的氣氛看起來不錯。

歡迎來到 Greenvale Capital，威卡最頑固的對手之一。

威卡的好消息只是假面

Greenvale Capital 成立於二〇一五年三月六日，那一年歐洲同時起跑的對沖基金中大約有兩百多個，他們是其中之一。大部分新成立的基金沒法熬過前三年。對沖基金的目標是盡可能獲取高額利潤，不論股市一般的發展情形如何。這意味著，他們不僅在股價上升的股票上投機，也在股價下跌的股票上投機。後者的專業術語稱做「賣空」。對沖基金在投機的時候通常冒了相當大的風險，他們很少用自己的資金，而是用貸款來投資。這是一個「全有或是全無的遊戲」，只有最好的基金才能生存下去。

在 Greenvale Capital 之前，已經有很多賭威卡股票下跌的對沖基金虧損。「面對一個不斷公布漂亮數字的公司，你是不可能贏的，就算種種事實顯示他們的成功並不真實。」艾摩利說。他是 Greenvale Capital 的創立人和投資主管。

這家年輕基金的員工原本不應該碰威卡。然而公司在二〇一五年年初開跑時，威卡是 Greenvale 賣空股票名單上的前幾名。柯柏和同事著手調查威卡一直到秋天。

艾摩利很熟悉支付處理業。威卡的漂亮數字有很長一段時間對他來說很有道理，因為色情和博弈領域的利潤很高。只是到現在，這些顧客來源對支付業者而言枯竭了。在 YouPorn 和類似網站可以看到免費的成人影片，所以幾乎沒有支付業務要處理。線上賭場也因為法規更嚴格，生意明顯變得更難做。再加上二〇〇〇年代支付業者還屬鳳毛麟角，現在的競爭者變多。也因為他們提供的服務大同小異，或多或少可以替換，所以得用低價來爭取客戶。

例如支付服務業者 Concardis 針對二〇一五年會計年度做了以下表示：「由於市場區塊大部分已經開發完成，競爭壓力日趨嚴峻。」因此產生「越來越激烈的排擠競爭」，導致「利潤下滑」。

只有威卡彷彿絲毫不受影響，在支付轉帳業務上賺的錢比競爭對手還多。對沖基金經理人柯柏、艾摩利和迪麗琪亞只問了一個每個人都該問的問題：這有可能是真的嗎？如果是真的，是怎麼辦到的？

迪麗琪亞乾脆拿起電話問威卡的競爭對手，「所有人的回答都一樣：『我們無法解釋。』」威卡雖然不斷爭取到顧客，但即使是一個很小的顧客，威卡都發布新聞稿大做文章。競爭對手透露，這些客戶無法帶來威卡所公開的驚人利潤。

例如著名的折扣超市利多（Lidl），它對這個行業是負擔，不是獲利。「這樣的客戶帶來大量業務，因為很多客人在收銀台刷卡結帳。」一個在這個行業工作了將近二十年的人說：「但是利多財力雄厚，欠帳的風險很低，付給支付業者的錢也很少。」這樣的客戶可以讓公司剛剛好達到獲利。像利多超市這樣的客戶對支付業者很有助益，能平衡危險顧客群，弭平支付業者的整體風險，另一位行業專家說。因為如果支付業者的商家要處理太多退款，Visa

和萬事達卡就會找支付業者麻煩。這樣的情形會發生在顧客購買東西之後想退款。但也是這樣的高風險商家（只要他們不是騙子）對支付業者特別有吸引力，因為他們必須付出高額的手續費，讓人願意為他們處理支付業務。這類客戶帶來高利潤，太多這樣的客戶卻又有致命危險。能有像利多超市這樣的客戶來中和最好。

另外，在這些新聞稿發布的生意後面，實質獲利通常比第一眼看起來少。拿低價超市奧樂齊（Aldi）為例：它雖然讓威卡處理德國境內的付款業務，但是只有當顧客使用信用卡或是外國的簽帳金融卡付款的時候。然而在德國最普遍的無現金付款方式不是信用卡，而是德國的金融卡。對沖基金的迪麗琪亞小姐打電話詢問威卡客戶後得知，奧樂齊超市的例子是常態而不是例外。威卡的幾個好消息，到頭來不過是假面。

威卡的競爭對手也告訴迪麗琪亞，如果有新的委託案件招標，威卡很少出現在競爭行列。聽起來像是競爭對手常見的評語，但是可信。《經濟週刊》針對二〇一六年德國線上前一百家最大的消費品商家，調查誰替他們處理支付業務。因為伯朗一直說，威卡在電商很普及，而且德國又是威卡的家鄉，照理說威卡的市占率應該很高。但是情況剛好相反。三十家接受《經濟週刊》意見調查的最大網路電商有二十八家回答，只有五家跟威卡合作。這些顧客所有的轉帳業務共達十一億歐元，相當二十八家總業務量的百分之五點五。

不算營業額遠遠超過所有電商公司的亞馬遜，威卡的顧客占市場的百分之九點三，所以威卡處理的支付業務少於競爭對手如BS Payone或是Condcardis。

一百家最大的電商中的前五十名中，《經濟週刊》有四十三家的資料，其中有八家公司是威卡的客戶。不算亞馬遜，威卡的客戶在這一組裡的市占率是百分之十一。

「所有我們發現的東西跟伯朗的敘述不吻合，跟威卡的數字也不相稱。」Greenvale Capital的分析家和創立夥伴柯柏說，「根據威卡所擁有的客戶是無法創造出公司宣稱的營業額和利潤。對此只有兩種可能解釋。要不是威卡的數字騙人，就是威卡跟很多可疑的客戶合作，他們付的保證金比傳統的電商高很多，好讓人願意幫他們處理支付業務，而威卡可能涉及洗錢。」

花三億兩千萬併購一家印度公司

對沖基金的職員不由得想起一起在印度發生的類似事件：二〇一五年技術企業家拉馬林加・拉朱（Ramalinga Raju）站在法庭上，最後被判七年徒刑。拉朱曾經是印度科技業界的超級明星。他用一個又一個事業成功的新聞拉抬股價，還被安永會計師事務所評比為年度企業。直到紙牌屋傾倒，他才承認用假造的帳單操作公司結算表。根據拉朱的供詞，一切都是從公司展示出的獲利和實際獲利中間的「漏洞」開始，這個漏洞逐年增加，直到漏洞範圍大到「看不清」為止。拉朱用一個生動畫面描寫這種情形：「就好像人騎在一頭老虎身上，不知道該怎麼下來而不會被老虎吃掉。」

威卡也是一隻老虎嗎？

柯柏說，當威卡二〇一五年秋天在印度創下史上最高價的公司併購時，他們完全確信威卡是一隻老虎。威卡花了三億多歐元（包括績效獎金）買下支付處理公司Hermes。這項生意的移轉一大部分是靠貸款完成。

Hermes在印度提供商標名為「ICash Card」預付卡，消費者可以在書報店（Smart Shops）加值，然後在網路上付費。透過ICash也可以寄錢，例如寄錢給在鄉下的親戚。印度很多住在城中心以外的人沒有銀行帳戶或是信用卡，所以這個生意模式看起來有意義而且有前途。

貸款資助這項購併案的銀行也是被這個原因釣上鉤，在阿旭海姆的人也夢想能擁有這個人口眾多國家的銀行執照，讓支付業者有無限的發展潛力。

Smart Shop的典型顧客是收入很少的臨時工，他們沒有智慧型手機，通常也沒有銀行帳戶。威卡強調，每天有二十五萬人使用這項服務，超過一萬家網路商店接受顧客用ICash Card付款，而且有十五萬家當地商店可以替這張卡片加值。根據威卡的一次簡報資料，德里有將近一萬一千家商店，孟買大約九千家，清奈八千家左右。這聽起來大有前途。

只是威卡經理的說法又跟往常一樣，與事實不一致。在一些投資者對印度的生意表達出懷疑後，美國投資銀行摩根士丹利（Morgan Stanley）的分析家藉由外部人力協助，在印度尋找當地的商家Smart Shops，在三十個不同地方花了九十個小時做調查。結果，臨時起意時只找到了一家。如果威卡給的資料正確，Smart Shops應該比自動提款機還好找。在網路上先搜尋後，可以再找到七家。分析家寫到，在很多店裡他們沒看到Hermes，反而是Western Union和YesBank的服務。他們很懷疑，Hermes真的像威卡所說的一樣在印度很普及。但是威卡經理抹去這層顧慮，表示許多書報攤老闆用自己的商標提供付款服務。另外，簽約的商店集中在單一市區，可能是分析家沒去的地方。一位前威卡經理說，他當時自己親身去看是否有這些書報攤，他找到了一些。「問題應該是問他們有多活躍？」他說。

兩位威卡經理在生意轉移後一年，再度檢視了這項印度計畫。一位同事說，其中一位經理人在印度只做了短暫停留就「非常驚慌失措地」回來，「因為在那裡燒掉很多錢。」知情人士和外部專家估計，威卡在印度的公司價值四千萬歐元，最多六千萬，但絕對不可能是三億兩千萬。當這兩位經理向董事會報告，威卡在印度買了一間破公司的時候，董事會並不感謝他們的誠實坦率。尤其是馬薩雷克「並不高興」，提出批評的兩位經理中的一位證實這點。另外三個前高階職員也證實這了件事。

威卡的一位前經理說：「沒有人可以碰印度的話題，它會破壞氣氛。」他建議放棄那裡的生意，卻被粗暴地回絕了。

二〇一六年年初，財務報表記者會。財務長布克哈德・賴的模樣一派輕鬆。他說，威卡到目前為止通常以息稅前和折舊前十倍到十二倍的價格收購公司。「這些通常是每年成長率在百分之二十到三十的公司。」在印度的情況不一樣。「在這裡我們收購的公司看得出來正處於發展初期，他們未來明顯有百分之六十到七十的成長率。這讓我們在價錢上做出跟只有百分之二十成長率公司不同的評價。」不過年輕公司生意點子的失敗風險不是也更高嗎？

對沖基金的創業夥伴柯柏說：「為Hermes付出三億兩千萬歐元很瘋狂，這個價錢沒有合理的解釋。」

謎一樣的模里西斯島基金

阿旭海姆流傳著在倫敦韋爾街上有兩個男孩和一個女孩有這樣的想法。財務長賴想跟他們會面。柯柏說，賴用語義類似的話歡迎他們：「我們想面對面直視惡意中傷我們的賣空者。」接下來的對話，柯柏說他還記得很清楚。「讓人震驚的是，賴對印度的生意毫不知情，他說不出交易價格，也說不出競爭對手。」賴要如何判斷三億兩千萬歐元的購買價格是否適當呢？

柯柏說，Greenvale的資訊部門在賴拜訪之後第一次遭受攻擊。他收到一封電子郵件，信上顯示是他太太寄給他的，裡面有新婚之夜的照片。柯柏沒有打開，他覺得很可疑。他太太說，她沒有寄郵件給他。柯柏讓人檢查郵件的附件。「裡面有木馬程式。」駭客可以經由木馬程式進入電腦網路。如果打開一個含有木馬程式的文件，駭客就可以進入收件人的網路連線。柯柏說，他的同事也收到類似的電子郵件。

過了一些時候，柯柏對印度買賣的懷疑證實是有道理的。威卡沒有將三億兩千萬歐元匯給原本的公司所有人，而是匯到一個位於印度洋模里西斯島上的基金裡。這個基金在幾星期前才買下了這家印度公司，只花了四千萬歐元。是誰突然賺到這麼一大筆錢，至今仍是一個謎。成立這個基金的公司沒有透露誰是幕後主使人。

一個瞭解這樁交易的威卡經理今天解釋，當時在二〇一五年夏天，威卡跟 Hermes 的經理以及基金的代理人和顧問會談。鑒於對印度經濟成長的展望，大家覺得這個相對較高的價錢算是合理的。他們雖然知道 Hermes 不久前才易主，但是不知道價錢。誰藏身在這個基金後面？這個經理說：「我不知道。」

如果我們相信那些跟基金還有關係的人，那裡面有一個我們已經熟識的人扮演著重要角色：亨利．歐蘇利文，他應該也是威卡第三方合作夥伴 Senjo 背後的藏鏡人。許多牽涉其中的人說，歐蘇利文替這個基金出面。一個把旅行社也賣給這個基金的生意夥伴說，剛開始的時候，他主要也是跟歐蘇利文協商。根據另一個生意夥伴陳述，在一封跟模里西斯有關的電子郵件裡，「亨利」（指的是亨利．歐蘇利文）在信中令人費解地被稱為「建築師」。從其他郵件也可以看到，歐蘇利文顯然也使用帶有這個基金名稱的電子信箱。這個基金的另外一個生意夥伴甚至說，歐蘇利文就是這個模里西斯基金的幕後老闆。但是我們無法檢驗這一點，而歐蘇利文也不發表意見。

威卡董事馬薩雷克顯然跟這個基金有更多關聯，遠超過公司代表多年的想像。將旅行社賣給模里西斯基金的老闆對《經濟週刊》解釋，有段時間他幾乎每個月跟馬薩雷克和歐蘇利文見一次面。「我們以為是在跟威卡協商。」模里西斯基金被描述得像是DAX指數公司威卡的「投資手臂」。另一個跟這個基金打交道的行業專家也證實這點。

多年來威卡對別人的詢問都解釋說，威卡公司本身跟基金沒有關係，而且威卡的董事們也跟基金沒有關係。他們就只知道這麼多，沒有更進一步的資訊。就這麼龐大的生意而言，我們含蓄地說，他們的所知至少讓人驚訝。

二〇一九年三月，監事會的合規委員會針對印度生意一事詢問馬薩雷克。他解釋，他本身並沒有從收購公司的行動中獲利，對基金也沒有經濟上的興趣。馬薩雷克應該提交一份他的會計師聲明當作證明。但是即使經過幾次催促，馬薩雷克還是沒有交出來。由監事會聘請的律師在二〇一九年年初向委員會報告，在印度購買公司一事，董事會沒有嚴重違反法律或是章程的嫌疑。儘管如此，一些監事委員還是想要馬薩雷克的會計師證明。但是監事會的律師不建議給董事會的成員施加太多壓力。因為如果馬薩雷克一直不提交證明，監事會就必須採取行動。但是那時候大部分的人都不願意這麼做，因為馬薩雷克對整個體系來說很重要。畢竟是他負責與第三方夥伴合作的生意，而這是威卡的賺錢機器。接下來的一年，監事會與馬薩雷克達成協議，他必須提交一份代替宣誓的保證書。馬薩雷克照做了。

所有警報應該立即大響

由法院的資料得知，威卡的經理們知道，模里西斯基金只付了四千萬歐元給 Hermes，雖然他們是在二〇一五年十月簽完購買合約才得到這個消息。他們覺得受欺騙嗎？不，當然不會。

公司發言人在回答問題時說這個價值是合理的。顧問公司 Baker Tilly 和律師事務所 Osborne Clarke 以及 BTG India 在事先一起評估過 Hermes 的價值。如果價錢不合理，威卡早就會降低這項投資的價值。

理論上沒錯。如果一家公司購買另外一家公司，例如花了五千萬歐元，兩年後發現，這家公司只值四千萬歐元，那麼買家必須事後降低他投資的價值，也就是報銷。他虧損了一千萬歐元。

我們很容易理解，一家公司會盡量避免報銷。只是令人猜不透的是，威卡的審計師安永會計師事務所怎麼會讓它過關。因為威卡印度子公司的生意一點也不好，Hermes距離財務長賴在二〇一六年春季預告的七千五百萬營業額還遠得很。沒過多久情勢也很明朗，威卡不可能取得完整的銀行執照。這家公司怎麼可能值三億兩千萬？

Hermes在二〇一七年以極為神奇的方式達到盈利區。根據內部資料，從一月到十一月平均每個月只有一百四十萬歐元的營業額。這個營業額對一家價值三億兩千萬的公司而言一目了然。

但是十二月營業額突然增加了八倍多。根據內部資料，因為多出來的盈餘並沒有讓公司有值得一提的額外支出，所以十二月息稅和折舊前的盈餘是前十一個月平均盈餘的四十五倍。年底的獲利奇蹟是軟體帶來的鉅額營業額。

跟這個突如其來的營業額成長同樣奇怪的是這個營業額的來源：三分之二的「軟體營業額」正好是從模里西斯基金控制的公司那裡賺來的，這個基金兩年前以極大的利潤把Hermes賣給威卡。

二〇一七年威卡甚至還替模里西斯其中一家公司的貸款擔保。當時的監事緹娜・克萊岡（Tina Kleingarn）只是短暫在威卡客串演出，她極力反對。她沒同意這項擔保，並且寫信給當時的監事會主席沃夫・馬提亞斯：「很可惜，儘管我再三詢問，依然沒有足夠的資料可以讓我對這筆貸款和相關情形做出適當判斷。」根據內部的書信往來，當時的監事會主席馬提亞斯顯然沒有這層顧慮。他想不經審查就通過這項擔保。九天之後，克萊岡據說是因為「家庭因素」退出監事會，但是才過幾個月她又出現在另一家大集團的監事會裡。

威卡在印度的會計師屬於國際會計師網RSM，不屬於安永，他也覺得一切很奇怪。二〇一八年三月底，他寫電子郵件要求得到關於軟體營業額的進一步資料。負責人是威卡在新加坡的代理人埃多．庫尼亞萬。他起初對會計師的要求沒有回應。直到當地的會計師通知了集團的安永會計師，威卡的職員才把軟體客戶的名字和個別營業額寄給印度的審計師。

但是僅僅五個小時後，庫尼亞萬寄了一份新名單。名單上的個別客戶（包括兩家由模里西斯基金控制的公司）的營業額又不一樣了，營業額總數與第一張名單的總數相同。這怎麼可能？

印度的審計師現在想看這些營業額的收據。最後他收到一些合約，但是部分合約上面沒有日期或甚至沒有簽名。公司內部的電子郵件讓人起疑，這些跟軟體顧客簽的合約部分是在審計師詢問的時候才剛剛製作出來的。審計師請其中一個軟體顧客確認，是否真的有這一筆軟體生意，這位顧客寫信給庫尼亞萬，大意是這樣，他雖然答應了庫尼亞萬的請求，並跟審計師確認了營業額，但是根據他自己的記錄，金額不正確。

顯然沒有時間做進一步調查，因為安永對印度的審計師施加壓力。「我們現在必須在結算表上簽字，馬上需要你的報告」，「我們急需你的報告」，「我們希望你能在幾個鐘頭內把剩下的報告寄來」，這些是安永會計師事務所寄給印度審計師的電子郵件內容，部分郵件只相距幾小時。

最後印度人批准了Hermes的結算表，但是因為軟體營業額的關係而有所保留。他在報告上寫著，針對這份收入他沒有獲得足夠的憑據。所有警報不是應該立即大響嗎？如果新加坡替威卡在印度的子公司製作合約，那這種行為發生在其他地方的機率不是也很高嗎？

這些問題一定也會讓股東們操心，但是他們不會知道太多公司內部的狀況。他們被轉移焦點，因為威卡找到一個新敵人，一個新的托比亞斯．伯斯勒：他是佛萊思．裴林，倫敦的社會工作者。威卡和他的衝突吸引了所有的關注。

威卡用各種方法回應抨擊，包括恐嚇

二〇二〇年七月的一個星期五，早上九點，裴林坐在倫敦的一個咖啡館裡。格子襯衫鈕扣扣到最上面，頭髮剃到只剩幾釐米。他留了絡腮鬍，臉部皮膚微微曬黑。裴林很愛笑，有時候幾乎能笑一分鐘。他過得很好，但不是一直很好。裴林說，幾個月前他有輕微的中風，他有階段性的語言表達障礙。他把原因歸咎於威卡。

二〇一六年二月一家名叫 Zatarra Research & Investigations 的分析公司在網路上公布一份針對威卡長達一百頁的報告，裡面非常詳盡地記載，儘管有禁令，威卡還是替在美國營業的撲克遊戲供應商處理支付業務。每個事件都被記載下來，能讓人推理的事實都是正確的。而且這份報告的作者沒有犯八年前股市投機者史圖博和伯斯勒所犯的相同錯誤：作者告知讀者他們投機威卡的股票，如果這份報告造成股票下跌，他們有可能因此獲利。

這份報告正中目標，威卡的股價在一天內從四十三元下跌超過百分之二十五到三十二元。

Zatarra 報告的其中一位撰寫人就是四十六歲的英國人裴林。他曾經以筆名「Viceroy Research」發表批判性的分析報告，例如針對營運不佳的家具公司 Steinhoff，並在這家目前已倒閉的公司股價下跌時賺了一筆錢。這是裴林賺錢的模式。他分析公司，如果結果顯示股票價格太高，他就賭股票下跌。他發表調查結果，目的在說服其他投資者相信他的意見，並造成股價下跌。這完全是合法的，只要作者的研究嚴守事實，使用公開給大眾的資料，不誇張，並公開自己的利益所在。

他會寫威卡出於偶然。他在一個股市論壇裡讀到「吉嘎吉格」的貼文，那個來自慕尼黑的線上批評者正好也從事社會工作。「吉嘎吉格」把他找到所有關於威卡公司、經理和前經理的消息一股腦全部放在網上，他的貼文沒有整理，許多討論者認為他瘋了。但是裴林看到潛力。他在自己家裡研究威卡的資料長達五個月，把那棟房子稱為「威卡屋」。裴林笑了。「而且所有調查所需都是用威卡預付卡支付。」他又笑得不可開支。他說，如果威卡想找到他，只會找到他們自己。他笑得停不下來。

但是他的報告還是有幾個缺點。在幾個地方做了比事實稍多的詮釋，而且根據他們自己的認知做出威卡價值零歐元的結論。這個結論在那個時候太誇張。但是關鍵在於裴林沒有透露他的作者身分，所以威卡可以輕易將這份分析貶抑為「來源可疑」。裴林說他害怕，「因為拳擊手都到伯斯勒家裡去了。」

二〇一六年四月七日在阿旭海姆，董事長伯朗和財務長賴報告過去一個會計年度的營業結果。Zatarra的攻擊才剛過去幾星期，賴和伯朗在報告中對此隻字不提。一位記者請伯朗針對這些批評發表意見。威卡的老闆臉部僵硬，不斷旋轉手中的原子筆。他說，這不是董事會該管的事，而是幾個負責服務投資者人的事。伯朗沒有回應報告內容，他採用應付伯斯勒的同樣對策：

1. 一概否認所有指責

伯朗：「我們清楚地聲明，這些指責百分之百毫無根據。我必須說，我們的聲明再清楚不過。」

2. 說批評的來源不可靠

伯朗：「這些指控跟資金市場的投機生意有關。我們看到，這是過去十二個月來從英國漸漸蔓延到歐洲大陸的現象。」

威卡表態：「我們認為，這些報告的傳播目的在對我們股價做出負面影響。」

3. 把自己的投資當作證據

伯朗：「二〇〇一年所有人離開的時候，我開始投資威卡。我投資自己的錢。我在威卡的股份占百分之七。二〇一四年我買了七十五萬股，二〇一五年五十萬股。今年到現在為止我已經買了六十五萬股。我長期相信這家公司。」

4. 指出公司受到中立機構嚴格檢查

伯朗：「我可以告訴大家，我們的審計師查看了所有項目。就像每個人看到的，我們從審計師那裡得到完整全面的證明書。」

賴：「德國聯邦金融監管機構是歐洲最強硬的管理機構之一。在洗錢部分，我們不僅必須滿足國家對銀行的要求，也要滿足信用卡機構訂定的規定。」

威卡表態：「威卡的德國銀行執照和由它而產生的監管系統顯示，威卡在歐洲一個最複雜且最嚴格的監管環境中運作。」

5. 用好消息轉移注意力

伯朗：「我們會不斷用新聞報導告訴大家，公司營運完全不會受到這種事情影響。我們相信，最燦爛的未來還在前面等著我們。支付過程整體數據化現在才剛要啟動。」

這些花招很管用。幾乎沒有人認真研究Zatarra的報告內容，威卡的股價繼續上揚。

伯朗最初不知道誰是Zatarra的幕後主使人，公司內部揣測爆料的是一名員工。裴林覺得「非常有趣」，他笑了。「Zatarra裡的所有內容都來自公開給大眾的資料，每個人都找得到。」二〇一六年四月伯朗解釋，律師和保安公司會研究這個問題。

後來發生什麼事，裴林做了這樣的筆錄：他才剛把女兒送到學校。坐在車內，正準備儘速下單買股票，一名陌生男子突然坐進他的車裡，第二名男子堵住駕駛座的車門。「威卡的報告是你寫的嗎？」這個陌生人有東歐口音，並拿他前妻和女兒的照片給裴林看。裴林說他跟整件事沒有關係。他說謊，出於恐懼。

裴林二〇一六年十一月在自己的家裡和花園的一個籬笆裡發現了隱藏的相機，隨後他接到一通電話。電話中的陌生人預告裴林馬上會出名，對他不利。不久，二〇一六年十二月七日網路上出現一份匿名報告，名稱是「Zatarra解密」，揭露裴林是Zatarra報告的共同撰寫人。

裴林說，他一直被追蹤，並躲在紐約三個月。「但是沒有幫助，我很害怕，睡覺前總是把所有門窗檢查好幾次，但我還是不能入睡。」接下來他中風了。「醫生把原因歸結於不斷攻擊帶來的長期壓力，」裴林說，「我用威卡股票賺了他媽的很多錢，但是我寧可不要。」

一項針對裴林操縱威卡股價嫌疑的偵查在兩年後中止。裴林捐了五位數的款項給公益組織為回報。

準確地說，裴林是威卡從天上掉下來的禮物，就跟之前從事賣空的伯斯勒一樣。追捕不知名的投機者掩蓋了明顯的問題，這種事再一次重演。單單從二〇一六年十二月到二〇一七年五月底，威卡股價就上漲了百分之五十到六十歐元左右。

二〇一七年春天，年輕的 Greenvale 對沖基金經理放棄了他們對威卡的賭注。敵人投降。至少是暫時的。

第11章 「不准折舊，絕不可以」

威卡在新加坡的財務長在帳上把營業額移來移去，伯朗粉飾醜聞

二〇一八年春天新加坡，一位威卡員工跟法務部門的同事傾吐。這位律師從此稱呼他為「巴比」，在真實生活裡他有別的名字，律師想要保護他。巴比跟律師所說的一切令人難以置信，引發一場雪崩，最終把威卡掩埋。

根據官方資料，威卡在亞洲的生意很好，證明伯朗在這個地區買公司的決定都是正確的。根據官方資料，威卡在二〇一七年有十五億歐元的營業額，大約百分之四十的營業額來自亞太地區，相當於息稅和折舊前的利潤有四億歐元。

世界看起來很美好，直到巴比出現。

就算發生天災也不能虧損

故事在威卡的新加坡總部上演，它位於楓樹商業城一棟有玻璃帷幕的現代大樓裡，許多國際公司在此辦公。埃多．庫尼亞萬是關鍵人物。幾年前他開始替威卡工作，有好長一段時間待在阿旭海姆總部。埃多很受歡迎。許多員工說，他「是我遇過最親切的同事」。他有魅力，心情一直很好，談起妻子總是充滿愛意，而且樂於助人，曾幫助一位女同事在新加坡找到保母。庫尼亞萬很勤勞，經常工作到深夜。同事說，如果要分配任務，他總是想把工作搶過去，一直嚷著「我、我、我」。同事們有一種印象，庫尼亞萬渴求肯定，尤其是來自董事會的肯定，而他也得到了。庫尼亞萬跟賴和馬薩雷克有直接聯繫，重要的計畫都會找他參與，他是威卡王國裡舉足輕重的經理人之一。

二〇一七年七月，這位印尼籍的威卡財務長來到新加坡。威卡在亞洲子公司的會計帳都彙整到他那裡，也就是那些威卡過去幾年購買的公司。庫尼亞萬負責這個區域的財務報表，並且必須定期向總部報告。根據多位前同事的看法，他的問題是「負擔完全超出負荷」。

當時三十二歲的他常常太晚才把數據交上去。數字總是不完整，或是跟其他文件上的資料不合。他經常忽略別人的詢問，直到上司表達關切。

庫尼亞萬的處境不容易。在他管轄範圍內的威卡子公司情況不好，並不像威卡集團年報營造出來的假象，而這是一個嚴重的問題。

如果威卡買了一家公司，而這家公司比預期糟很多，那威卡應該把投資這家公司的價值降低，而且必須將購買公司的價格和投資公司現有價值之間的差距出示為虧損。如果威卡有應該避免的事情，那就是虧損，因為伯朗恆久成功的金融科技故事就會掉漆。「不准折舊，絕不可以，不管發生什麼事。」負責收購公司的部門主管這樣寫給庫尼亞萬，而他回信道：「絕不，就算發生天災也不會。」這就是威卡的態度。

這段對話後來公諸於世時，部門主管對同事說，這只是一個知情人士的笑話。馬薩雷克一直誇耀自己在威卡從來不需要更正一個數值，他們只是在開馬薩雷克的玩笑。但是之後同事們在聊天時也常談論到威卡集團中對業務成長的瘋狂追求。

事情的癥結在於，威卡的年輕經理人無法完全由自己決定這項公司投資有多少價值。年度決算的審計師在年度報表上簽名前，他會檢查這項估算是否合理。評估時不僅會考慮到投資的公司目前的營業額和利潤，也會考慮到對公司未來的預測。如果董事會能合理解釋，為什麼在未來的一年一間子公司的營業額能超出預期，那麼一樁會造成虧損的公司投資也會被賦予高價值。但是預計的成功遲早必須出現。

雖然安永會計師事務所和威卡肯定是友好關係，但也不能責怪審計師讓威卡替亞洲子公司設定的價值就這樣輕易過關。二〇一六年年底威卡的員工很恐慌，因為內部的郵件寫道：

「我們的減值測驗有問題。」在「你們地區」的「幾乎所有生意領域」要「緊急」「快速地」有所改善，一位總部職員寫信給新加坡的職員，因為全亞洲區的數字會彙整到新加坡。支出必須減少，其餘的可以用營業額補足。一位總部的員工要求亞洲的員工「儘快寄給我們新的數字」。問題是，過去評估子公司的時候就曾經假設未來會有明顯的獲利，事實卻顯示出虧損。德國的一個員工要求新加坡財務部門的同事調整計畫。所有的公司必須「非常正面」，數字必須能看到未來的高收益。事情看起來並不是那麼簡單。新加坡的員工抱怨，如果要達到計畫中的數字，「那我們必須更改生意模式」。但是在阿旭海姆的總公司不諒解子公司的困境。這個職員的意見很快就得到回覆：「每個計畫都要有野心。」但是員工的擔心看起來有道理：二〇一七年二月安永的審計師懷疑，威卡對亞洲不同資產價值的評估不符合現實。這是內部電子郵件透露出來的內容。因此接下來跟查帳員的協商很困難。新加坡一家子公司二〇一六年的結算表要等到二〇一八年春季，審計師才簽字，另外一家公司的數字甚至要等到二〇一八年的夏季才通過。

下一年的情況並沒有好轉。審計師在威卡亞洲子公司那裡看到一個問題，雖然公司對未來的展望是獲利，但是公司一直虧損。即使發生天災威卡也不允許減值。為了扭轉不幸，庫尼亞萬報告二〇一七年還可以做什麼措施來改善，以及二〇一八年為什麼一定可以期待豐碩的營業額。

合約與帳單都是虛構

照巴比在二〇一八年春季在新加坡對威卡律師所言，庫尼亞萬顯然採取了更有效果的方法。根據描述，庫尼亞萬的團隊虛構生意，藉此帶給有需要的威卡子公司們營業額和盈餘，而且不只是給在印度的威卡子公司（參看第十章）。不僅如此，庫尼亞萬還替亞洲各國公司將錢轉來轉去。

巴比敘述的事，可以根據內部文件在兩個案件中幾乎一對一地還原重現。例如生意夥伴甲在二〇一七年聘請威卡印尼子公司為顧問，必須為此付出兩百五十萬歐元。所以生意夥伴甲的錢流入威卡的帳戶。

下一年生意夥伴甲賣了三百萬歐元的軟體給威卡馬來西亞的子公司。錢又從威卡的帳戶流出，回到生意夥伴甲。

這些生意背後是否有真的實質內容值得懷疑。當馬來西亞子公司在二〇一八年三月收到一張購買軟體的帳單時，那裡的一位女員工請求新加坡的團隊解釋，這張帳單是什麼意思。這張帳單就像「無中生有」變出來的。她顯然不知道公司買了軟體。庫尼亞萬用一個粗魯的口氣回答她：「我在上一次會面時已經跟妳解釋過了。」他要求她，以「線下」的方式來溝通這件事，不要再寫電子郵件。當庫尼亞萬要求馬來西亞的老闆跟生意夥伴甲簽合約，他們拒絕了。

幾乎同一時間，跟另一個生意夥伴也進行了類似的連環轉帳行動：生意夥伴乙在二〇一七年十二月跟威卡馬來西亞子公司簽了顧問合約，他必須付給威卡四百萬歐元。錢必須從生意夥伴乙流進威卡戶頭。

然後二〇一八年二月生意夥伴乙賣了三百萬歐元的軟體給威卡在印尼的子公司。錢又從威卡的帳戶流向生意夥伴乙。

威卡內部的一些人也懷疑亞洲的幾起生意不太對勁。尤其是一些應該在二〇一七年已經提供服務的合約，在第二年才簽訂。還有一個安永的員工也覺得營業額和支出費用的轉移很奇怪，他在會計師事務所的位階不是很高，他提出問題，新加坡的威卡辦公室給了一些詞藻華麗的解釋。

巴比在新加坡威卡法務專家那邊所做的陳述讓整個系統搖搖欲墜。二〇一八年四月二十六日，律師事務所 Rajah & Tann 接受委託調查巴比提供的線索。

調查過程中，法務專家查到威卡的生意夥伴 Centurion 和 Maxcone。庫尼亞萬替最後的生意夥伴取了一個綽號「Maximum Confusing」。Maxcone 和 Centurion 在二〇一七年春季的生意中積欠威卡新加坡子公司超過六百萬歐元。我們起碼可以懷疑威卡是否真的為了這些錢提供相對的服務，這些未付的帳單是否真的建立在一個實在的生意上。同樣可以懷疑的是阿旭海姆那裡沒有任何一個經理知道新加坡發生了什麼事。二〇一八年四月二十四日庫尼亞萬寫信給一個高階威卡經理：「我們和 Maxcone 以及 Centurion 從來沒有簽合約。我們現在正在準備，放在附件裡給你。」庫尼亞萬寄了一份合約草案，日期是二〇一六年一月十五日，把日期往前推了兩年多。三天後庫尼亞萬在十點半跟馬薩雷克有一個約會。

Rajah & Tann 法務專家在五月四日交出的報告內容勁爆。有線索指出，庫尼亞萬和另外兩個職員虛構合約，為了讓最少三年前的帳單合理化。但是在威卡所謂的生意夥伴那裡，卻「沒有找到任何一封相關電子郵件」，由於帳單上的金額龐大，讓人懷疑這些生意的真實性。我們有合理的理由相信「這些合約和帳單是虛構的」。法務專家過目過的文件指出嚴重的違法行為，但是沒有人因此被解雇。

四天以後，威卡董事長讓三個人繼續調查此事：除了馬薩雷克還有庫尼亞萬團隊裡的兩個人。庫尼亞萬的兩個員工至少在那個時候已經有嫌疑，可能參與了犯罪行為。新加坡的合規主管寫道：「我深信董事長做了一個錯誤的決定。」所有協助調查的人「現在有危險」。

但是威卡的一位法務專家平息這項指責：「鑒於調查對新加坡子公司的影響，我們必須讓當地的經理加入調查行列。」因為他們負責處理當地的合規項目。他跟董事長談論此事並確信，「董事長做了正確的決定」。

現在的問題是：哪個決定是正確的？又是對誰而言？

新加坡看起來沒什麼改變，所以當地的律師又再度發出警告：他們向集團的法務專家報告，儘管有這項調查，威卡最近卻付了一百萬歐元給一個Rajah &Tann報告中認為有嫌疑的生意夥伴。除此之外，威卡的公司帳戶還匯了幾萬歐元給一個可疑的員工私人帳戶。

二〇一九年三月十八日馬薩雷克在監事會的合規委員會面前強調，他於二〇一八年九月才得知新加坡的調查。他說這些指責最終被證實是無憑無據，是新加坡合規部門的一個員工想要抹黑庫尼亞萬，但是很快就發現這些指責不是真的。

一切照舊。嫌疑犯繼續工作，新加坡的兩位法務專家離開了威卡。對集團老闆伯朗的威脅看起來解除了，舞台空出來讓他表演站上職涯顛峰的故事。

第12章 「宛如聖靈」

伯朗登上事業巔峰，威卡名列德國ＤＡＸ指數前三十大公司

二〇一八年九月二十四日早上八點，伯朗努力超過十年的目標終於獲得佳音：威卡登上ＤＡＸ指數，也就是股市最高的甲級聯盟。不可能再高了。伯朗的表現讓所有批評者和懷疑者另眼相看。他拿出二〇一八年的結算成績：威卡有超過五千名員工，二十億歐元的營業額，超過五億的營業利潤。二〇〇五年初還不到兩歐元的股票，現在朝兩百歐元的標竿邁進。

新的金融科技世紀需要一個象徵，威卡成為這個象徵。它取代ＤＡＸ指數中的商業銀行（Commerzbank），這是一家已經有一百五十年歷史的老銀行。誰能攔阻威卡？誰能攔阻馬庫斯．伯朗？

他自己在那裡講大話：「我們現在有機會帶領ＤＡＸ往前衝。這是我們的企圖心。」

以為伯朗會大肆慶祝的人錯了。阿旭海姆總部的員工只拿到一個馬芬蛋糕，淺顏色的麵團，白色的奶油，淺藍色的糖粒，上面寫著「威卡進入ＤＡＸ」。就這樣而已。

寒酸的蛋糕正搭配威卡寒酸的門面。伯朗和同事不是在慕尼黑的瑪麗安廣場辦公，而是在慕尼黑東北部離市區很遠的辦公大樓裡，在只有一萬居民的阿旭海姆的荒涼工業區。愛因斯坦環狀道路三十五號是個由很多水泥箱式結構組成的建築物，附近唯一一處吸引人的地方是「蕾的小吃店」，裡面販賣「巴伐利亞和越南餐飲」。

伯朗在這悲傷之地還自己演了一場秀：「我們不需要用高樓大廈閃閃發光的外表來裝飾自己。」阿旭海姆，它就是未來。商業銀行坐落在金融中心法蘭克福的摩天大樓裡，有什麼用？沒有用，它被踢出ＤＡＸ。法蘭克福是陳舊的金融世界、投資銀行和百萬紅利的大都會。阿旭海姆，它是未來。美國的支付巨人是PayPal，在德國有威卡。威卡是一個平台（在二〇一八年還是一個時髦字眼），將來會有更多來自全世界的商家跟我們接軌。

沒有人喜歡跟伯朗共處一室

伯朗像蘋果創辦人賈伯斯一樣登台，穿著深色西裝搭配高領毛衣，戴著無框眼鏡，凸顯出他的藍眼睛。他身材高大，身形瘦長結實，像個馬拉松選手。他沒有時間露出微笑，不管去哪裡，都操著奧地利口音的英語推銷他的公司「是成長最快速的數位平台之一」。伯朗讓人留下深刻印象是因為他的企業不斷成長，不是因為他有迷人的性格。當然，在私人聚會上他懂得禮節，但是不懂得散發魅力。他的臉部表情僵硬，讓人看不出來他是生氣、高興、自得其樂還是覺得有趣。他的臉幾乎沒有表情。這個人很難讀懂。生意夥伴說，跟他很難熟絡起來。

他給人頑固的感覺，有點高傲，符合人們想像中的科技怪咖。公關顧問後來努力讓他表現得通人情一點，不過沒有成功。伯朗有時候會在聽歌劇時掉眼淚，是因為音樂動人心弦？感覺像是捏造的。照片上的伯朗看起來僵硬得跟一塊木頭，試著要做點調皮表現也沒成功。伯朗極少接受訪問，有一張照片是他接受一家報紙訪問時拍攝的，他面容嚴峻地站在一棵室內植物後面，這個威卡老闆看起來好像是埋伏在灌木叢後面，等待機會偷襲。

但是伯朗的同事認為，伯朗可能喜歡當個科技怪咖。他為什麼要改變形象？

他尤其喜歡每年宣告成功的消息。營業額、利潤、客戶數目，威卡一直向上成長。他訂定的目標越來越艱難、越來越大膽。每一年都有新目標，而且不太管目標如何達成。這是其他人要處理的事。

伯朗每星期工作七天，他也這樣要求重要的員工。他會在週日打電話給員工，跟他們討論工作。如果員工在休假或是已經下班了？伯朗想要什麼，他就會拿起電話。「如果員工沒接，」一位員工說，「他就再打一次，再打一次，再打一次。」發送訊息時也是這樣。「根據他的理解，我們的辦公室就是他的。他不敲門就進來，然後開始講話。」一位員工說。而且他的來訪絕對沒有好事，因為他不斷要求員工全力投入。「沒有人喜歡跟伯朗共處一室。」一位員工說。他一進來就用命令轟炸。

員工也不喜歡在董事長辦公室稍作停留，尤其是夏天。因為伯朗不喜歡開冷氣，他的辦公室常常炎熱難耐，受不了的訪客如是說。老闆寧可脫掉襯衫，換上T恤繼續工作，也不願意打開冷氣。據說有員工利用伯朗對冷氣的反感，把自己的辦公室溫度盡量調低，並希望伯朗不會來訪。

做為一個人，伯朗在許多員工那裡不一定受歡迎，因為他喜歡指揮員工。但是根據員工的感受，伯朗卻不接受他們的顧慮或是批評。一名前員工說出他的感受：質疑伯朗計畫的人，在伯朗那裡沒有機會。

但也有批評者追隨董事長，因為伯朗成功了，他們也能沾光。對某些威卡人而言，伯朗像一種精神上師，因為他相信公司，對未來不斷做出頑固的預測，而這些預測都實現了。他不讓批評上身，只為了威卡而活；以自己為榜樣讓其他人跟隨，完成他的目標。外來的攻擊強化了內部的團結。我們一起抵禦外人。邪教也是這麼運作。他不讓人懷疑，他就是威卡運動中頂著光環的人物。

一般來說，誰有成就誰有理，然後大家都可以分享成功的果實。所以幾乎沒有失敗者。有許多受雇員工是伯朗提拔起來的，他們之中幾乎很少人離職。為什麼要去別的地方工作呢？威卡在成長。別的公司在做節約計畫、裁減人員，尤其在大集團中很常見，但是威卡沒有這些縮減措施。當然，有些員工有時候也不理解伯朗說的大道理。但是他們不敢發問，一些人說，他們也不想像個呆子一樣站在那裡。但是伯朗每年總會拿出令人驚訝的生意數字，這證明他一定是個天才。

威卡成就了在別處達不到的職涯發展

勞資委員會？威卡不需要。勞資協定？也沒有。威卡的薪水很好，所有人都是贏家。因此很多人不敢反駁，忽視心中的疑慮，就這樣繼續做下去。伯朗（可能不是有意識地）建立了一個系統，只有唯唯諾諾，願意閉上雙眼的人才能走得遠。

一位擔任重要職位多年的員工說：「威卡的薪水很好。程式設計師和業務員在別的地方一定也能找到同樣好的工作。」但是這並不適用於很多人，同樣也不適用於他自己。「我在別的地方不可能更好。你還會問很多多餘問題，並且冒上失去工作的風險嗎？」他在杜拜上班，並說：「德國遠在天邊。」

威卡的破產管理人之後估計出這個「吸引人的薪資結構」：二〇二〇年六月單月人事費用超過兩百一十萬歐元。相當於每個職員有八千五百歐元的薪水。

董事會跟整家公司也以同樣方式運作：伯朗說話，其他人聽話。尤其適用於董事亞歷山大．封．克諾普和蘇珊．史坦德。

封克諾普雖然是整個集團的財務長，原本應該掌握所有數字。但是，儘管聽起來很荒謬，在威卡的情況不一樣。「有一部分的財務數字不在他的管轄權限內。這些數字包括所有跟第三方合作的生意，數字在馬薩雷克手中。封克諾普雖然可以得到這個範圍的整體數字，但是無法得到細節。如果他想知道更多，就必須去找馬薩雷克。」一個親近的人說。

這有時候會造成很奇特的情形，例如在一個給商家融資的會議上。「封克諾普對很多事不知情，一直看著馬薩雷克，因為數據都在他那裡。」一名顧問說：「這樣的情形我以前還沒見過。財務長坐在那邊，而他什麼都不知道。」封克諾普和馬薩雷克雖然就形式上而言是平等的，但是情況不斷清楚地表明，「封克諾普在這裡是老二」。公司裡很多人認為，封克諾普之所以會成為財務長是因為他「個性如此」。他臣服於人，做別人要他做的事，「一個好人，但不爭權奪利」。他們估計，「如果在別的ＤＡＸ集團，他絕對不會成為財務長。」但是他們也說了這位前董事很多好話，說「他非常清廉正直」，但不會因此就少追究他為這場災難該負的責任。「他不應該讓這種事發生，身為財務長居然無法獲得很重要的財務資訊。他應該堅持立場或是走人。」因此封克諾普不是受害者。

威卡成就了在別處不可能達到的職涯發展。這種情形可能也適用於產品董事蘇珊・史坦德。所有同事都描述她是一個極度勤勞的人。一個星期上班七天，每天為威卡工作十八個小時。一位跟董事會很近的人說：「我一直擔心有一天她會倒下去。」她的一些計畫很成功，一些不行。一項名為「阿斯蘭」（Aslan）的大型計畫就屬於後者：二〇一七年第一季，威卡跟花旗銀行買了一群客戶，他們分散在不同國家，因此也應該隸屬於不同的威卡子公司。「我們不應該買的。」一個內部處理過這件事情的人說。因為這些客戶現在必須納入威卡的系統，而且必須在二〇一八年年中完成。實際上這件事一直到破產的時候都還沒完全結束，原因跟威卡在國外買公司很有關係。

威卡沒有統一的合約系統和行政系統，沒有中央統一的會計部門或是客戶管理系統，因此不同的事業單位大多自力更生，沒有形成一體。公司裡很多人說，威卡沒有統整新的事業單位，這對阿斯蘭來說是致命傷，費用在計畫期間暴增。一位高階的知情人士說：「如果沒有阿斯蘭這項計畫，即使沒有和第三方合作的營業額，威卡的核心業務也能獲利。」要為阿斯蘭負責的人是史坦德。當然這項計畫開始時的條件就十分不利，但是她的部門有兩年多的時間，理應可以完成更多任務，公司裡很多人這麼說。但是只得到一團混亂。知情人士說，其他部門或是公司外部的人員一直要解決「她的團隊搞砸的事」。阿斯蘭原本是她的雄偉計畫，她想藉此證明她足以擔當董事會的一員。但是她沒通過考驗。一些人認為，若是在別家公司，史坦德必須扛起責任並且捲鋪蓋走路。

史坦德還有一個特點引起一些人注意：她總是置身事外。她屬於董事會，但其實又不是。她重視她的任務，設計產品並推銷到市場上。其他的事她不想管；至少她身邊的一些人有這樣的感覺。「如果聽她說話，就好像第三方合作生意跟她無關，因為這是馬薩雷克的工作。」當情況不妙時，她會保持距離。例如杜拜的中東支付卡系統，是威卡在阿聯酋的兩家子公司之一。中東支付卡系統做實際上的生意，就是轉帳業務，營業額的來源。跟第三方夥伴合作的生意也是透過他們。為了這些公司設有信託帳戶。負責人除了貝倫豪斯外，還有馬薩雷克。杜拜的另一家子公司主要負責組織安排，由貝倫豪斯和史坦德領導。二〇二〇年要合併杜拜的兩家子公司時，據說史坦德不願意，她不一定想跟支付系統公司有任何關係。

封克諾普和史坦德不能算是受害者。兩位董事可以看到公司的弊端，而且可以採取一些作為。

馬薩雷克態度突變

伯朗與封克諾普和史坦德之間的關係很疏遠，跟馬薩雷克的關係明顯親近很多。他們兩人已經密切合作超過十五年。最初幾年，馬薩雷克比較像伯朗的後援，在公司內部也被稱為「伯朗的祕書」。兩個人隨著時間過去有所改變，馬薩雷克變得獨立。許多前同事說，伯朗打電話來時，他經常把電話按掉，不再那麼容易受董事長操縱。而伯朗在最後幾年變得越來越執拗。「如果他腦袋裡有什麼想法，就一定非要做不可。」一位前員工這麼說，「這種情況越來越嚴重。」

一位經常跟兩人接觸的親近員工說，在面對面的會談裡，他們兩個人平起平坐。許多人認為，馬薩雷克和伯朗不再像剛開始的時候那麼親近，但還是一直同舟共濟，互相取暖。一個人說：「他們像是一對老伴，但是後來有點各過各的。」

在人數較多的群體面前只有伯朗一個人宣告事情，馬薩雷克不會。一位顧問說：「在別人面前，馬薩雷克不會質疑伯朗說的話。」他雖然負責公司的主要業務，但是他不會搶伯朗的表現機會，而且常常拒絕參與公開活動。他比較喜歡待在幕後。

分析家一片樂觀

伯朗出了阿旭海姆還是一樣讓自己像個未來支付業務的思想先驅和宣傳家。很多人並不完全瞭解他說什麼，反而讓他更吸引人，好像他已經活在未來。但是那裡看起來怎麼樣沒有人知道。二〇一八年他坐在慕尼黑數位會議（Digitalkonferenz DLD）的講台上，然後飛往巴黎參加金融科技論壇。他針對「策略思考的意義轉變」，機動性和人工智慧做報告。他的台風拘謹、生硬，有點高傲。

他說的話很有企圖心，並顯示出他對自己的認識。這裡讓大家體會一下：「我們到目前為止所達到的一切，根據我的看法，只是我們未來十年能達成目標的一個毛胚而已。」而且他說：「董事會的目標是強有力地攻占世界。」

這些話感動了很多人。一個科技怪咖敘說著未來，冷漠、無聊、複雜，然後提出無與倫比的成長數據和預測。《商報》（*Handelsblatt*）二〇一八年寫道，「新起之秀」伯朗宛如「降臨在金融業的聖靈。他是德國『金融科技』的化身。」

伯朗為門徒舉行的彌撒是資金市場日，這是給投資者和分析家的市集。二〇一八年伯朗在倫敦演說他的「願景二〇二五年」：威卡到二〇二五年的營業額要到達一百億歐元，是二〇一七年的的七倍，稅前息前折舊前攤銷前利潤（EBITDA）則要在同一個時期到三十三億歐元，達到八倍。

這個計畫不被董事封克諾普和史坦德看好，他們周圍的人這麼說。他們認為伯朗預告的趨勢坡度太陡峭。他們補充說明：如果我們無法達標，就必須提出盈利警告。但是他們也沒有真的竭力反對，反正伯朗也不會在乎。二〇一九年資本市場日在紐約舉行，他又加碼：二

○二五年的營業額不是一百億，而是一百二十億，營業利潤不是三十三億，而是三十八億。

顯然很多分析家為此著迷，也不問這樣的夢幻數字是否能達到，又該如何達到。他們的結論大多是：不管媒體如《金融時報》怎麼說，一定要買這支股票。在分析家裡面，伯朗的最大粉絲應該算是商業銀行的海珂・鮑爾斯（Heike Pauls），她從二○○八年開始寫支付處理業者的分析報告，一共給這支股票一百九十九次同樣的評鑑：買。

私人銀行Hauck & Aufhäuser的分析師羅賓・布拉斯（Robin Brass）也好不到哪裡。當《經濟週刊》二○一八年十二月公布威卡顧客的大規模分析，他只花了幾個小時就把這份研究蓋上或多或少毫無根據的印章。他的評論顯示他幾乎沒有研究過資料內容。幾個月後布拉斯得到一份新工作，在威卡公司走馬上任。同樣情形也出現在布拉斯的前任分析家拉斯・唐能貝格（Lars Dannenberg）身上，他也是Hauck & Aufhäuser銀行的威卡分析師。這家金融機構的銀行家似乎偏好伯朗和他的公司。二○二○年四月二十三日，分析師西蒙・本拉格（Simon Bentlage）把威卡股票的目標價格定為兩百七十歐元，他預測目前價格有百分之百的獲利。這麼熱烈的樂觀氣氛很特別，因為這時候畢馬威會計師事務所的審計員正在公司內查核，跟威卡最重要的第三方夥伴合作的成功生意是否存在。

坐在象牙塔裡

登上ＤＡＸ讓伯朗終於達到多年努力的目標。熟人說，威卡總有一天會登上ＤＡＸ，這對伯朗來說一直都是理所當然，剩下只是時間的問題。現在他得到了證明。形式上威卡雖然是一家上市公司，伯朗「只」有百分之七的股份。但是威卡的架構像是由公司所有人領導的中型企業，專為公司大家長量身訂做而成。

員工尊敬地稱呼他為「伯朗博士」，那些每天跟他有很多接觸的人叫他「ＭＢ」或是「馬庫斯」。

他跟不屬於他圈子內的員工保持距離。公司聚會上不是被少數忠實的追隨者包圍，就是淡然地坐著，很少跟不認識的人聊天。甚至在威卡的地下停車場，他也把自己跟外界隔離：董事長的停車位被遮掩起來，沒有人能看到伯朗的公務車是否在那裡。

他很喜歡坐在辦公室裡打造威卡的未來，很少離開總部大樓的四樓。有一回他想去找馬薩雷克，而馬薩雷克的辦公室在隔壁大樓。馬薩雷克的職員開玩笑說，不知道他找不找得到來回的路。

通常他不需要走很遠的路才能和那些對他很重要的員工說話。跟伯朗一起在阿旭海姆企業總部四樓辦公的部門，是董事長用來實現公司瘋狂成長的工具：負責跟媒體與投資者溝通的人以及策略部門。伯朗需要策士，用來籌劃下一件大事。投資者的聯絡窗口負責哄騙或是安撫投資人，新聞發言人則用歡欣鼓舞的消息淹沒外面的世界。有些階段還有好幾個外來的公關顧問替威卡工作，完全是浪費錢。

他應該要改變公司的溝通策略，不要再單純地否認批判性報導，偶爾也必須提出事實來，他應該費更多心力解釋公司的生意。但是很多與伯朗近距離工作的人說，伯朗聽不進去這樣的建議。「就我的瞭解，他覺得這是浪費時間。不瞭解他傑出生意模式的人，多說也無益。這就是他表達出來的態度。」一位替伯朗工作的人說。

手下的人也察覺到他們老闆很有自信心。威卡被納入ＤＡＸ指數後，伯朗交代手下安排跟其他ＤＡＸ公司老闆見面。「他需要人肯定他是一個重要的對手，」一個前經理說。伯朗顯然不會懷疑自己。一位曾在伯朗跟前工作的員工說：「他確信他做的永遠是對的。他讓世界前進，他是這麼想的。」

他可以一直把威卡的股票當成明證。二〇一八年九月三日股價達到新高點：一百九十五點七十五歐元。股價從年初起漲了超過兩倍，能拿出這個數字的人不容人質疑。伯朗形容自己：「我是無可救藥的樂觀者。」

巴伐利亞首府慕尼黑和當地的名流顯貴對伯朗而言不是很重要。他的故鄉奧地利就不同了，他想在這裡成為有頭有臉的人物。他常讓人在周末開車載他回維也納，他和太太與女兒住在那裡的獨棟房子裡。奧地利總理塞巴斯提安．庫爾茲（Sebastian Kurz）把他延攬進經濟政策的智庫，伯朗的友人說，這對他意義非凡。

伯朗參加維也納歌劇院舞會，甚至嘗試表達他的感受，他這麼形容二〇一九年的歌劇院舞會：「這是一個具有美感的整體藝術品，當然也可以視之為不符合潮流，但是在某種形式上它有一種整體的獨特性。」他繼續引申：「這是一種感官體驗。我們必須以這種態度接近歌劇院舞會，而不是局限在實用性的範圍內。」哦。

那些被伯朗視為對等的談話對象覺得跟伯朗談話很有趣。他對政治和社會議題有鑽研，而且在策略考量上常會用到西洋棋的例子：如果我這麼做，對方會這麼做等等。伯朗和他周圍的人玩的是西洋棋。他是下棋的人，其他人是他的棋子。

他逐年升高他對棋子的標竿。前員工說，大部分的員工都臣服在他對公司成長的願望下，因為那看起來能達成：「如果每年都宣揚百分之二十到三十的成長率並且也都達標，就會對外宣布。然後還會得到安永會計師事務所的查驗章，機構也相信這個結果。」

伯朗視自己為夢想家，但是該如何實踐他荒謬的成長目標，他沒有什麼概念。「伯朗一直提出很多想法，但是關於該如何實踐的問題，他就說不出什麼好意見了。」一位威卡的長期顧問說：「伯朗不知道公司的機房怎麼運作。他坐在象牙塔裡。」

第13章　「假新聞」

《金融時報》記者向威卡開戰，卻成為德國金融監管機關的目標

丹・麥克倫是威卡最怕的人。他常常面帶微笑，很少說話。這位深棕色頭髮的記者最引人注目之處還有他臉上的大眼鏡。麥克倫完成經濟學和政治學學業後在花旗銀行擔任分析師，二〇〇七年開始在英國報紙《金融時報》工作。他實事求是，完全不情緒化。這相當值得注意，因為威卡把他的研究當作人身攻擊，也對他做人身攻擊。

這位記者從二〇一四年開始研究威卡。之後他寫道，他得到一個消息，說威卡的結算表不太對勁。從二〇一五年起他在《金融時報》的部落格上發表評論，專題名稱是「威卡屋」（House of Wirecard）。用詞意味深長，幾乎已經是一個預言：威卡，一座紙牌屋。

二〇一九年雙方的爭論激化，演變成追求事實的激烈對抗。在這場戰爭中威卡運用了多

次試用過的武器彈藥。爭論了很長一段時間都分不出勝負，因為一些威卡代表已經成了這方面的專家，知道如何去反駁和詆毀批評者。

新加坡警方搜查威卡分公司

麥克倫不僅是第一個長期批評威卡的記者，更是第一個公開威卡在新加坡事跡的人，也就是公開在那裡有虛構營業額的嫌疑。威卡經理成功掩蓋至今的事情被麥克倫揭發了，他的文章讓新加坡檢方對威卡員工展開調查。

《金融時報》在一月三十號第一次做了報導。麥克倫和同事史蒂芬妮雅．帕爾瑪（Stefania Palma）引用了一份二〇一八年五月七日威卡內部的報告「老虎計畫摘要」（Project Tiger Summary）。這份報告來自新加坡律師事務所Rajah & Tann，是威卡當地法務人員委託他們調查吹哨人指責公司虛構營業額一事所做的報告。對這項指控做了第一次分析後，律師懷疑威卡的財務長庫尼亞萬可能偽造合約，並且犯了「洗錢罪」。

關於新加坡事件的報導一發布，威卡的股價隨即在一月三十號下午下跌了二十一個百分點。威卡在次日用一篇新聞稿回覆投資者：「《金融時報》發布了一份不精確、會誤導大眾並毀謗威卡的報導。」這篇報導的基礎「在事實上有錯誤」。集團「非常認真地」遵守所有合規的義務。「威卡子公司的管理和會計實務在合規方面沒有重大疏失，庫尼亞萬也沒有個人行為上疏失。」現在又要動用到賣空者的幽靈：「很明顯，有人提供假情報給記者，而且在報導刊出前，賣空活動在資金市場上顯著提高。」

威卡的策略對分析師有效。威卡最大的粉絲，商業銀行的分析師海珂・鮑爾斯報導：「一位記者用假消息對威卡進行一連串攻擊。」

二月一日《金融日報》馬上加一筆，公開了律師事務所 Rajah & Tann 的調查。他們報導：律師在威卡新加坡分公司裡面發現犯罪行為的線索。

威卡回擊，並瞄準麥克倫個人：「又是一篇來自丹・麥克倫（金融時報）不詳細、誤導大眾，並詆毀威卡的文章。」報導 Rajah & Tann「曾經確定威卡員工在會計問題上有重大的犯罪行為」是「不符合實情的」。

伯朗表現得一派輕鬆，聲稱《金融時報》的報導「無中生有」。他說，我們馬上可以恢復正常運作。

他搞錯了。麥克倫和同事帕爾瑪二月七日報導庫尼亞萬示範六位新加坡員工如何做假帳。

次日警察搜索了新加坡的威卡辦公室。公家機關以詐欺、偽造合約和洗錢的嫌疑，對六名威卡員工展開偵查行動。警察得以進入九個員工的電子郵箱。威卡表明跟機關合作，並在一個立場聲明裡宣布：「今天早上威卡和新加坡執法機構在威卡新加坡總部見面，並針對《金融時報》系列報導中的毀謗，提供警方大範圍的資料協助偵查。」聲明中還寫道：「我們想重申，對威卡員工的指控無憑無據。我們和新加坡警方密切合作，以便能澄清所有的指控。」

這場搜索在聲明中聽起來像是朋友聚會。但是新加坡警察，尤其是檢察機構對這次「聚會」的感受跟威卡不一樣。檢察機構認為威卡員工的配合度不是特別高，檢調人員覺得他們的工作多方受阻。一位員工稍後跟一個同事的聊天記錄顯示，有人要求她不要讓官員的工作太容易，例如不要自動把筆電交出來。

金融時報記者受檢察機關調查

威卡的股票從《金融時報》一月份的第一篇報導到二月十五日，一共下跌了百分之四十。這不僅對威卡的股東不利，也對麥克倫不利。因為突然間他也成了檢調人員調查的目標。慕尼黑的檢察機關開始調查他。事關操縱股票市場。

為什麼？

在《金融時報》發表評論文章前不久，有不少投機客賭威卡的股票下跌，並提高他們賣空的金額。報導公開後，威卡的股票也真的應聲下跌。因此有人懷疑投機客事先得到《金融時報》要發布壞消息的通知，有可能是《金融時報》的員工，也許就是麥克倫自己在事前把計畫透露給投機客。這樣就構成了操縱市場和內線交易的犯罪事實。《金融時報》立即否認了這樣的指責。

然而聯邦金融監管局卻很緊張，他們擔心德國金融中心的名聲受到影響，因此想阻止罪犯操縱股票行情傷害無辜的投資者。官員決定採取一項重大措施。他們出手干預市場活動，禁止二月十八日賣空威卡股票，藉此中止可能的犯罪陰謀，最終防止股票繼續下滑。德國聯邦金融監管局從來沒有禁止過對單一公司的投機行為。比實際干涉措施更糟糕的是金管局行動所釋放出來的訊息：很多投資人認為這項措施等於是宣判威卡無罪，反而是宣判麥克倫和各種不同投機客有罪。結果：股價明顯上揚。

但是《金融時報》基本上不受影響。三月二十一日麥克倫和同事報導了一個負責威卡亞洲區業務的人，那個人就是馬薩雷克。他們說，這位董事可能牽涉在新加坡的事件中。

那時候威卡表現出想要查清整個案件的態度。集團在三月二十六日宣布讓大家「瞭解」Rajah & Tann律師事務所的調查結果，並自行總結律師事務所「更新過的認知」，製作一份報告公諸於世。調查結果已先寫在標題上：「年度結算不受影響」。威卡的總結報告讀起來讓人覺得新加坡的事件無傷大雅，只需修改幾個數字即可。根據當地法律，新加坡的少數職員可能誤觸法規，僅此而已再無其他。

另一方面，集團努力報導好消息，確認他們對二〇一九年的年度預測。目標是息稅和折舊前的利潤在七億四千萬到八億歐元之間。這是一筆龐大的數字，相較之下新加坡的幾百萬只是尾數。他們傳達的訊息是：一切不像剛開始想得那麼糟。

至於威卡總結報告中引用Rajah & Tann「更新過的認知」究竟是什麼，威卡多次回應大眾的詢問，包括書面回答，指稱這是律師事務所對新加坡事件的最終報告。但是有證明顯示威卡說謊。二〇一九年三月二十六日之後，Rajah & Tann還提出另一份最終並且簽了名的報告，這份報告共有七百五十九頁，日期是二〇一九年四月五日。在這份報告裡面，Rajah & Tann堅持某些單一的生意並沒有實際的買賣為基礎，他們認為至少有三個人可以算是違法。但是這件事繼續被威卡當作是單一員工不是很重要的錯誤行為。

伯朗先生再度成功了嗎？

金管局應該對威卡動用權力

顯然是成功了。二〇一九年四月九日，聯邦金融監管局向慕尼黑第一檢察署指控麥克倫和他的同事帕爾瑪有操縱市場的嫌疑。官員懷疑這兩位記者跟賭威卡股票下跌的投機客合作。如果這樣的合作關係真的存在，那確實是一樁犯罪。到目前為止，基本上可以理解金管局想要進一步監督這個事件，這是他們的工作，而且他們也不應該在記者面前卻步。金管局得到線索，股市裡流傳著即將刊出報導的消息，但是線索只掌握到一條，那就是在《金融時報》的不同文章刊出前，股市賣空威卡的趨勢會增加。除此之外，金管局沒有其他線索能讓人懷疑麥克倫和投機者合作。

從指控看來，監管人員的懷疑完全是建築在脫離現實的假設上。聯邦金融監管局從麥克倫接連發表數篇報導的情況中架構懷疑，認為麥克倫想要「透過較長的一段時間形成一股影響股價的龐大力量，藉此提高短倉獲利的機會」。翻譯成白話文：《金融時報》蓄意連續發表多篇文章，讓威卡的股價盡可能大跌，投機客盡可能大撈一筆錢。

其實記者長期密切關注一個情況，然後將認知分成好幾階段公布出來是完全正常的事。例如因為他們的材料太多，一篇文章的篇幅根本不夠。或者因為資訊太過複雜，他們不想讓讀者的負荷過重。或因為在第一篇報導後又得到新消息，或是某些觀點還沒有查證完全。

有趣的是，聯邦金融監管局顯然沒有考慮到，《金融時報》計畫公布報導的消息也可能由另外一方傳出去。如果一位記者計畫撰寫一篇評論，他有義務事前聽取關係人對指責的說法。通常公司新聞處會收到用電子郵件寄去的問卷。在發布文章前，記者會給公司或是個人多長時間來面對這些指責，取決於主題的複雜性和問題的數目。新聞發言人收到這樣的詢問，通常絕不會獨自思考答案，一家股票上市的公司更不會這樣做。他會將問題送到相關專業部門，然後通知董事長、公司內部及外部的律師或是公關顧問。很快會有十幾個人得到報導要公布的消息，誰能排除這裡面沒有人會把《金融時報》即將刊登評論的消息透露給投機者知道？誰能排除顧問裡不會有人把這個消息告訴好朋友，然後這個好朋友再把消息傳出去？

聯邦金融監管局似乎在攻擊麥克倫。事後看訴狀，內容像是抨擊新聞自由。金管局和它的局長菲力克斯．胡費爾德在二〇二〇年必須嚥下很多批評。《金融時報》的調查者被當成罪犯了嗎？

胡費爾德說，在這點上有很多胡說八道。「首先，在《金融時報》的報導之後，也就是二〇一九年年初，我們馬上安排調查威卡公司的財務報表。但是其他的線索我們也要調查。」根據法律規定，不管記者的報導是真是假，關鍵在於是否用報導來操縱市場上的價格。「如果我們有操縱市場的具體線索」，行政當局有義務告發。在《金融時報》的事件中，聯邦金融監管局「從慕尼黑檢察機關那裡得到非常具體的線索」，有一些特別的買賣跟那篇報導有密切的關係。

記者麥克倫得聽他同事說一些玩笑話。一位金融時報的員工說，「你怎麼還沒有被逮捕啊？」成了這段期間的標準問候。

針對威卡的指責呢？根據巴伐利亞邦司法部的消息，慕尼黑檢察機關「同時展開一項調查，並在調查中不斷觀察和檢驗現存的可疑情況」。但是，「那個時候檢察官並沒有足夠的實際線索，證明威卡股份有限公司的負責人有犯罪行為」。

金管局局長胡費爾德說，他希望對威卡能有更多的監督。但是因為威卡不是金融控股公司，所以金管局只能管集團的子公司威卡銀行，而不是整個公司。「稽查人員基本上想要多一點管轄權來監督公司，但是我們也不能忽視現行的法律規章。」

但是事實也包括威卡集團有一間銀行，如果金管局願意的話，它可以透過稽查對銀行施加很多壓力，甚至是對銀行的所有人，在這個情況下是威卡股份有限公司。如果官員走進一家金融機構，即使是老練的董事長通常也站得筆挺，對官員有求必應，這時經理人一般不會討論該給官員什麼，不該給什麼。在銀行這個範疇，聯邦金融監管局的權力大到不行，而且違法的銀行會遭受一連串嚴重後果，最嚴重是失去銀行的營業執照，這對一家金融機構來說不堪設想。金管局應該對威卡動用這個權力。

現在我們應該做什麼改變？金管局的局長說：「我想破了腦袋。」他想讓結算表的審查更快更有效率，想讓像威卡一樣的公司在未來被視為金融公司，而不是科技公司。因為金管會對金融公司的權限比較大。胡費爾德說：「雖然無法完全排除具有這樣巨大犯罪能量的罪行，但我們可以阻礙罪行發生。我們正在朝這個方面努力。」

結論：胡費爾德的同事在威卡案件中依循法律，卻陷入德國官僚制度的束縛。即使金管局不能直接對威卡採取強有力的措施，他們也應該及早大聲疾呼。這是可以確定的。

軟銀入股成為可信度證明

二〇一九年四月二十五日，伯朗走進一家飯店的會議室，離阿旭海姆總部只有幾分鐘路程。他面前聚集了五個瘋狂拍照的攝影師。金融服務業威卡的董事長態度很從容，嘴角漾著微笑。過去年度結算的記者會比較像家庭聚會，但是在這個星期四，會議室裡坐了超過四十位記者和分析師。會議一開始伯朗就談起《金融時報》的報導，他想把「這頭大象」先「牽出會議室」。董事長立場堅定地表示，新加坡的生意受到調查，所有對當地員工的指控並「沒有刑事案件的實質內容」。檢方沒有找到任何徵象顯示那裡的員工有蓄意違法的行為。他傳達的信息是：一切沒有那麼嚴重。

而且伯朗手上還有一個無敵強的憑證：安永會計師事務所審計師開具的證明書。安永在新加坡事件後，只要求威卡把營業額調降一百五十萬歐元，並重新出具一千一百萬歐元應收帳款和一千萬債務的證明。就這樣，整個事件結束了，《金融時報》的報導在表面上也被推翻。伯朗的表現很有自信。他侃侃而談不用草稿，給別人一種印象，他沒有因為這個事件特別著急。他不想在這個話題上停留太久，比較想談未來的計畫，策略二〇二五。

伯朗多次成功地驅散了大家對公司的懷疑。這次不僅是漂亮的數字和安永的審計師幫了他的忙，他還宣布了一則轟動的消息，日本科技業投資者中的巨星軟銀想要投資他不斷茁壯的公司。這家日本公司向威卡買了九億歐元可換股債券，股價因此在四月二十四日中一度漲了百分之十。

一些投資人和分析師將軟銀入股當作是威卡可信度的證明。畢竟日本公司在投資這麼多錢之前，不可能沒做過詳盡的盡責查證。但是事實上軟銀並沒有冒風險，因為不是軟銀投資威卡，而是日本公司的幾個高階經理和阿布達比的國家基金聯合投資。

儘管如此，威卡再次消除了大家的疑慮。直到夏天，股價上升到一百五十歐元。

威卡找到新的賺錢創意

只有幾個老熟人不願再相信伯朗完美的預測：穿著短褲的倫敦對沖基金經理。二〇一七年春季Greenvale Capital取消對威卡股票的賭注。二〇一八年秋天，對沖基金再度採取行動。「我們一直盯著威卡，」對沖基金的創立人柯柏說，「我們的態度從來沒有改變。但是印度的買賣就這樣通過後，沒人起疑，而且股價繼續上升，我們的賭注在可以預見的時間內幾乎沒有贏的機會。」對沖基金的經理就算是對的，只要其他的股東認為他不對，他也沒有辦法，股票的價格會繼續上揚。

他們「一直在尋找情況轉變的可能契機」。柯柏說，他們尋找一個重建短倉的原因。Greenvales的投資長艾摩利描述：「夏天在前往一個板球比賽途中，我們團隊針對威卡討論了很久。我覺得整件事不太可能。我們是對的，我們一定要逮到他們。不論花多少時間和金錢，這些都無所謂。」獵捕威卡到了某個時候已經不再只是想要賺錢，「而是變成了使命」。這個使命在二〇一九年夏天，確切說是秋天，再度面臨失敗的威脅，因為伯朗透過兩種債券籌到了十四億歐元。

就算柯柏和他的同事是對的，威卡的生意不正當，賺的錢不如大家想得這麼多，但是現在有那麼多錢，也能讓威卡這樣大的公司維持很長的時間。當二〇二〇年威卡倒閉的時候，破產管理員算出，威卡最後每星期燒掉一千萬歐元的現金。戶頭裡有了十四億新資金的威卡應該可以撐很久。

但是倫敦韋爾街上對沖基金的三人不為所動。他們現在對威卡又燃起濃厚的興趣，原因是三個字母：MCA。這是威卡創意機器的新產品縮寫，代表「商家現金墊款」（Merchant Cash Advance）。我們回憶一下：一位顧客在網路上用信用卡付錢。威卡收到信用卡機構的錢後，並不會馬上或至少不是馬上將全部的錢匯給商家。威卡保留一部分的錢，以防顧客以後想讓商家退錢。就像其他的支付業者一樣，威卡也想要有保障。

商家現金墊款的生意這樣運作：威卡提供商家服務，讓他們儘快拿到錢，但是商家必須付他們應得款項百分之一到百分之二的費用。從威卡的角度來看，這是他們給商家的貸款，費用就是利息，一年大約有百分之十二到二十四。商家現金墊款應該是一個吸引人的新收入來源，但是高利息表示這種生意有高風險。

二〇一八年年底，威卡給出的貸款將近兩億八千五百萬歐元，二〇一九年三月底已經達四億歐元。這個產品很受歡迎，看起來是這樣。

有可能嗎？Greenvale的偵探迪麗琪亞著手調查，很快就發現矛盾。「二〇一八年十一月在一場與分析師的視訊會議上，威卡報導巴西已經開始推行這個新產品。已經有商家現金墊款的還有亞太地區。之後又再度宣稱，巴西和土耳其是這個新產品的主要市場。原因是，這些國家的顧客用信用卡在商家付錢的那一刻起，商家要等上三十天才拿得到錢，因為顧客的銀行很晚才會撥錢。土耳其等的時間更久。這些市場對新產品的需求最高。」

迪麗琪亞說：「但是突然間又換了不一樣的說法。」伯朗現在說，土耳其和巴西的MCA貸款略少於總數的三分之一，「其餘分散在歐洲和亞洲。」與他之前說的剛好相反。「負責此產品的董事史坦德應該瞭解情況，他說，商家現金墊款在二〇一九年才會在歐洲上市。」迪麗琪亞大笑，拍著自己的前額，搖著頭說：「很瘋狂，他們不斷打自己的嘴巴。」如果威卡真的給了貸款，「那他們應該知道給了誰。」

承擔風險的新角色出現

Greenvale團隊懷疑這裡有蹊蹺的論點正中紅心。畢馬威會計師事務所二〇二〇年四月公布，威卡二〇一八年年底列出的商家現金墊款數量，給商家的直接貸款比較少，大部分是威卡給三大第三方合作夥伴中其中兩個夥伴的貸款。這還不是唯一神祕的地方。新加坡有一家公司叫做Ocap Management。Ocap跟Senjo同屬於一個企業聯盟。Senjo就是新加坡的可疑第三方夥伴，跟威卡已經有很多生意關係。Ocap的生意模式在過去有一個令人驚訝的轉變：二〇一七年這家公司是靠船隻和石油批發賺錢。二〇一八年卡洛斯・侯瑟（Carlos Häuser）成為公司新老闆，他是威卡亞洲區老闆布麗吉特・侯瑟—阿克斯特納的丈夫，他自己也曾是威卡的領導階層。這對夫妻是馬薩雷克很親近的人。

自從侯瑟上任後，公司轉變了生意模式，公司現在還提供電商過渡性融資，也就是MCA。Ocap的錢（大家已經猜到）是從威卡來的。首先是一億一千五百萬歐元。畢馬威的審計師在之後的一份報告裡記載，他們被告知，威卡介紹客戶給Ocap，讓Ocap把MCA貸款給這些客戶。根據畢馬威律師事務所的報告，沒有書面的客戶轉讓合約，而威卡也沒有拿到介紹客戶的費用。至於 Ocap 是否把錢貸給客戶？又貸給哪些客戶？畢馬威無法審核。

事情還可以變得更瘋狂？是的。二〇二〇年三月底，也就是威卡倒閉前不久，Ocap 又從威卡那裡獲得一億歐元，這是破產管理人的報告。Ocap 是將錢從公司偷渡出去的工具嗎？

一位威卡的前員工說，威卡跟 Ocap 有很多計畫，尤其是要從事真的買賣，只是還沒有機會實現。他說的生意是這樣的：威卡想把錢比過去更快地付給連結的商家，他也必須這麼做。因為威卡接收了很多美國花旗銀行在亞洲的客戶，這些客戶已經習慣能很快從花旗那裡拿到錢。阿旭海姆總公司承受壓力，他們必須提供同樣的服務。所以未來在威卡自己從信用卡公司拿到錢以前，部分的錢就必須流進商家手裡。

問題還是在於風險。如果顧客在訂購以後要求商家退款，而商家不能退錢時，威卡必須承擔責任。威卡沒有擔保，因為顧客的錢已經付給商家了。解決的方法是，一個合作夥伴必須為威卡承擔風險。所以 Ocap 進來參了一腳。

第一步 Ocap 應該先把給商家的錢借給威卡，第二步 Ocap 再向威卡購買對信用卡公司的債權。Ocap 自己不會持有這些債權，而是將多種這樣的債權綁在一起，做成一個有價證券再賣出去。Ocap 也想替其他金融服務業製作這樣的有價證券。一位知曉內情的人說這個計畫沒有實現，因為在破產以前，威卡一直無法將花旗銀行的客戶整合起來。

這個計畫切合現實嗎？或者是馬薩雷克編給同事聽的故事，讓他們不會對威卡給 Ocap

的鉅額貸款提出太多問題？

問題現在無法澄清，但是有些資料能讓推論合理化。知情人士說，得到威卡第一筆超過一億一千五百萬歐元的貸款之後，Ocap才能以這種生意模式進入市場，也就是能為其他支付處理服務業者融資，並買下他們對信用卡機構要求付款的權利。這種買賣其實已經在進行。威卡自己在二〇一九年十二月從Ocap那裡買下一個有價證券，裡面有其他支付服務業者四千萬歐元的債權。Ocap利用這筆生意的錢償還了威卡一億一千五百萬歐元貸款中的四千萬歐元。另外一位威卡的員工也證實Ocap償還了一部分的貸款。

錢去了哪裡？

實情是，Ocap在盧森堡的一個子公司在二〇一九年的年度報告中解釋，他們買了新加坡母公司四千萬歐元的債權，並在十二月發行了四千萬歐元的有價證券。但是報告裡沒有寫誰買了這個有價證券，債權又是什麼樣的債權。只是金額符合威卡員工說的金額。

這位知情人士繼續說，Ocap三月得到的一億歐元中，只有四千萬歐元是給公司的長期貸款。Ocap用剩下的六千萬歐元買了一張包含債權的有價證券。

這裡能追溯的只有Ocap在盧森堡子公司跟新加坡母公司買了六千萬歐元的債權，然後發行了金額高達六千萬歐元的有價證券，至少公司的年度報表上是這麼寫的。但是並沒有解釋，是否是威卡買了這個有價證券，也沒有解釋Ocap到底在這個有價證券裡面包裝了什麼樣的債權，它們是否有價值。Ocap的老闆侯瑟不想對此發表意見。

至少可以說，這位前員工所說的生意不完全是憑空捏造。只是，如果前員工的說法正確，Ocap應該還欠威卡將近一億一千五百萬歐元才對。很自然我們也要問，威卡為什麼把這麼多錢給一個在這個商業領域毫無經驗的公司？一個DAX集團難道沒有能力找到一個有聲譽的夥伴替他發展金融業務嗎？為什麼Ocap三月的時候又需要新的融資？根據盧森堡子公司二〇一九年的財務報表，它們只買了四千萬歐元的債權。

誰從Ocap取得的貸款中獲利，到現在為止還不清楚。Ocap的股東是瑞士保險集團瑞士人壽的一家子公司。Ocap老闆侯瑟也不斷跟威卡員工和畢馬威的審計師強調，瑞士人壽是Ocap的所有人。但是瑞士的保險公司解釋，他們的持股是信託形式，而且是為了一個私人而持有，他們跟這個人簽訂了一份基金形式的壽險。瑞士保險集團的新聞發言人不願透露誰是這個壽險的受益人。經過我們自己的調查，這個受益人「跟威卡或是其他和威卡結盟的公司沒有關係」。

如果威卡的生意夥伴都很正經，為什麼很多關係人都隱身不明？在亞洲出售客戶名單的賣家，把一家印度公司賣給威卡的模里西斯基金所有人，Ocap的所有人，他們的公司都從威卡那裡拿到很多錢。但是錢到了哪裡，無從追蹤。

第14章　香檳，炸肉排，妄自尊大

馬薩雷克光鮮耀眼的生活，以及購併德意志銀行的瘋狂計畫

如果說慕尼黑有一家威卡菁英經常喜歡光顧的餐廳，那就是位於攝政王街七十三號的美食餐廳凱菲爾（Käfer）總店。樓上，該建築的二樓是高級包廂，伯朗以前就曾帶監事來過這裡用餐。樓下，在美食精品店旁的小餐館可以說是馬薩雷克的第二個家。

馬丁．歐斯特卡普（Martin Osterkamp）說：「我們常在那裡吃飯。」他指著酒吧旁邊的一張雙人桌。侍者在二〇二〇年九月中的這個星期四也非常想念馬薩雷克。他心情沉重地說：「他是個很好的客人。」

馬丁另有其名，他不想在這裡讓讀者看到他的真實姓名。因為威卡，因為馬薩雷克，因為偵查，而且也因為害怕再也拿不到其他委託合約。他是溝通顧問。有他參與，表示一家公

司或是一位經理出了麻煩了。

馬丁可以說是少數人當中（至少有一段時間）跟馬薩雷克走得很近的人。他是馬薩雷克的顧問，籌畫並執行對《金融時報》記者的反擊行動。他也參與了數個計畫，這些計畫以現在的眼光來看是整個威卡核心高傲和利慾薰心的象徵：購併德意志銀行。到最後馬薩雷克已經藏匿起來，馬丁還一直跟他保持聯繫。

根據馬丁的消息，他從二〇一九年二月開始替威卡工作。先是透過一個熟人接觸威卡的財務長封克諾普，並去阿旭海姆的辦公室拜訪他。當時封克諾普上任十三個月，馬丁對他留下失望無助的印象。封克諾普抱怨威卡在過去幾年裡有太多採購案，批評資訊不足，合規規範又不完善。尤其是在亞洲的收購案，他得到的訊息太少。封克諾普的律師沒有對此發表意見。

馬丁說，財務長的坦誠讓他印象深刻：「我想，他走的路是對的，他是真的想改變些什麼。」於是馬丁受雇於威卡，成為公司外部的顧問。他經常跟封克諾普見面。由於亞洲生意的問題越來越多，他應該跟一個瞭解這方面業務的人見面。

與情治單位關係不明的董事

馬丁還記得馬薩雷克前來會談的情景：他帶著一個小檔案夾，筆電和手機。「這些就是他工作的全部所需了。」馬薩雷克喜歡透過即時通訊軟體 Telegramm 溝通。馬丁提了很多問題針對新加坡，或是針對威卡在印度的高價收購公司案，但是馬薩雷克常常避重就輕。馬丁有一種感覺，封克諾普對他董事會同事馬薩雷克的信任有所保留。

公關顧問馬丁和馬薩雷克在二〇一九年夏天的會面更頻繁。他開賓士車去馬薩雷克位於慕尼黑市中心的公寓接他，他們一起去酒吧，餐廳，尤其愛去「凱菲爾」，那裡有美味的維也納炸肉排。

馬丁也去威卡總部的辦公室拜訪馬薩雷克，並且對裡面的陳設很驚訝。馬薩雷克似乎對民粹主義者和統治者有特別偏好，辦公桌旁邊擺著真人大小的川普模型雕像。馬丁說，他也看到俄國的毛皮帽，軍徽和俄羅斯娃娃。馬薩雷克解釋，這些是俄國財閥送的禮物，他跟他們是朋友，也曾一起度假。

馬丁得知馬薩雷克很迷祕密警察。《明鏡週刊》後來曾經報導〈來自BVT的揚〉，BVT是「聯邦憲法保護和打擊恐怖主義局」（Bundesamt für Verfassungsschutz und Terrorismusbekämpfung）的縮寫，是奧地利的國內情報機構。目前在調查「揚」是否就是馬薩雷克。根據《明鏡週刊》的調查，最晚從二〇一五年開始，馬薩雷克受到俄國國內情報機構 FSB 的監視。馬薩雷克只是受監視的對象？還是一個重要的情報提供者？

實際上，情治單位對像威卡這樣的公司很感興趣。金錢透過支付業者流向世界各地：以色列想知道伊朗把錢匯向何處，美國人想知道俄國人和中國人把錢匯到哪裡。

馬薩雷克有一回很奇怪地出現在慕尼黑檢察機關，正好也讓人有這方面的聯想。那是發生在二〇一九年二月二十一日，出於馬薩雷克自己的願望。證人審訊的內容又是與《金融時報》有關的新加坡報導，記者與賣空投機客的合作有關。馬薩雷克告訴偵查人員有人企圖勒索他：如果他付大約兩百萬英鎊的錢，英國新聞媒體上的評論就會停止。除此之外，告密者中的一人，也就是將新加坡事件透露給媒體的人，跟賣空投機者站在同一陣線，投機客甚至出錢讓他飛到倫敦。馬薩雷克是怎麼知道的？他說：「經由一個替外國政府工作的熟人。」他跟檢察官這樣描寫自己的角色：「在Zatarra報導之後，他也負責一個業務，用白話說就是偵查敵方。」

一個DAX公司董事誇口跟情治機關有關係，難怪會引起編劇的想像，這是網飛（Netflix）連續劇的材料。

同樣引人懷疑的是，根據慕尼黑檢方的資料，馬薩雷克在威卡之外還使用第二個辦公室。在攝政王街六十一號的別墅裡，離「凱菲爾」不遠。辦公室對面是俄國大使館。

溝通者馬丁說，馬薩雷克告訴他，威卡給情治人員假名的銀行帳戶和信用卡，特別是給以色列情報機構摩薩德（Mossad）和美國中央情報局（CIA）。

這對新朋友偶爾一起吃飯，馬丁還留有一家在威特斯巴赫廣場高級餐廳的帳單。他說他自己不喝酒，帳單上的飲料全都是馬薩雷克點的：一瓶香檳酒三百二十五歐元和兩杯琴湯尼。兩個人吃一頓飯花了七百七十九歐元。「揚付了九百歐元，現金，」馬丁說，「他說，他不信任電子支付。」一個把事業建築在信用卡支付的人，自己卻寧願付現，而他用純金打造的信用卡只是放在身上給人看。馬薩雷克的律師不想對此發表意見。

在紙條上成形的路易十三計畫

他們兩人談論威卡的監事會；馬薩雷克對監事會沒有什麼好感。或談論過去，「以前，在老威卡的時候，在公司上市前，我們想做什麼就做什麼。」馬薩雷克說過大意雷同的話。他們也談論未來。馬丁有些好奇，他問馬薩雷克，如果威卡購併德意志銀行將會怎麼樣？「馬薩雷克瞪大眼睛看著我說，春天已經跟德意志銀行談過合作的事情。但是失敗了。」

實際上，德意志銀行的代表和威卡在二〇一九年春天見過面。德意志銀行的老闆克里斯提安・賽文（Christian Sewing）和伯朗談過可能的協同效應，但是從來沒有談過合併一事，如同雙方陣營所聲稱。兩個集團的老闆找不到合作的交集，德意志銀行的代表最後停止了會談。

馬丁說，他跟馬薩雷克在「凱菲爾」碰面時拿出一張紙條，在上面記錄了馬薩雷克的想法。德意志銀行：市值很低，董事會理事裡是一群灰老鼠，但是財務報表上的數字龐大，一兆三千億。威卡：估算的市值高，是有前景的金融科技行業。這很合適。可以促成德國境內的併購，並且向政治家推銷這個優點，例如基督教民主黨黨魁安娜葛蕾特・克蘭普—卡倫鮑爾（Annegret Kramp-Karrenbauer, AKK），或是財政國務祕書約克・庫基斯（Jörg Kukies），他從政之前在投資銀行高盛集團工作。這兩個人的名字寫在馬丁的紙條上。當他要上廁所的時候經過一個玻璃櫥窗，裡面展示著一瓶昂貴的干邑路易十三。這瓶一點五升大瓶裝的酒價值八千歐元。順便一提，二〇二〇年夏天這瓶酒還在那裡。當他回到桌子的時候，他建議用干邑的名字替這個計畫命名。馬薩雷克覺得這個點子很好，並且敘述他最近曾參加一個聚會，與會的客人把這樣一瓶酒幾乎喝完了，讓主人很心疼。

馬丁在他的草稿紙上備註「醜聞主角買下癡呆老人＝路易十三」，醜聞主角指的是威卡，老人指的是德意志銀行。馬薩雷克很欣賞這個點子，據說稍後伯朗聽到這個計畫也很高興。

利用監視報復攻擊者

但是這個夏天不只威卡很活躍，還有《金融時報》的丹・麥克倫和他的同事。麥克倫研究威卡的第三方合作夥伴，特別是研究一個名單，據說名單上面有威卡第三方合作夥伴Al Alam宣稱的客戶。記者們發現，有一些客戶在跟Al Alam做生意的時候早已經不存在了。麥克倫打電話給其他公司。他找到的大部分公司卻說，他們從來沒聽說過 Al Alam。

麥克倫認為他的懷疑得到佐證，威卡一大部分的生意是捏造的。七月中《金融時報》要刊出這篇報導，出版前他們向威卡當面提出這些指責。回應：威卡反駁這些指責，並譴責麥克倫使用偽造的文件。麥克倫對威卡的譴責已經不陌生。但是麥克倫後來說，威卡改用了一個他從來沒想到的攻擊方式。威卡的代表寫道，我們得到消息說即將出刊的報導已經透露給賣空的投機者了，而《金融時報》是賣空策略的一部分。

發生了什麼事？

幾天前公關顧問馬丁再度和馬薩雷克在慕尼黑見面。馬薩雷克告訴他，他終於有證據證明《金融時報》跟賣空投機者同流合汙。他拿出一捲錄音帶，上面據說可以聽到尼克·金（Nick Gold），一個倫敦的投機客和他的生意夥伴強納森·丹尼斯（Jonathan Dennis）的聲音。他們有訪客，這位訪客聲稱受一位投資人的委託來拜訪，這位投資人想投資五千萬英鎊，而且速度要快。金和丹尼斯談到賭威卡股票下跌，並且說不久會有新的報導發表。但是這兩位賣空投機客不知道眼前的人是個偵探，他把談話內容都錄起來了。馬薩雷克說他現在有證據，《金融時報》的編輯跟投機客是同夥。但是金和丹尼斯都沒有這麼說過。

金跟《金融時報》的記者以及麥克倫的同事保羅·摩爾菲（Paul Murphy）有聯絡，根據《金融時報》的消息，金事後回憶，當他想讓摩爾菲注意一個主題的時候，摩爾菲說：「我現在正在忙威卡的事。」因此金推斷不久會有批判性報導刊登。

二〇二〇年早秋時節，金並沒有具體針對這件事的問題發表意見，因為那時慕尼黑的檢察機構還在調查他是否有操縱市場的嫌疑，跟以前調查麥克倫一樣。他只說了：「他們應該針對我對威卡的批評進行調查，而不是調查我。」至於他前半句話指的是什麼，並不清楚。

這不是第一次，也不是最後一次威卡雇用偵探為自己工作。根據《金融時報》的調查顯示，早在二〇一六年Zatarra報告公布以後，記者和投資人就被監視。二〇一六年三月九日有一個監視計畫，裡面有麥克倫的名字，駭客必須監視他。另外，他們也考慮購置「無線網路背包」來「獲取潛在嫌疑人的手機資訊」。同樣的，私家偵探也要找出賣空投機客在威卡內部是否有聯絡人，提供他們公司的負面消息。密探提出問題：是否有員工過著超乎常理的奢華生活？是否有員工離婚付出了昂貴的代價？

威卡事後解釋，他們委託外部的法務顧問，找出賣空攻擊罪犯的幕後主使人，但是卻在某些地方出了差錯。「很可惜，受我們委託的公司接下來自作主張，自行委託私家偵探做過唯一一次監視，想確認Zatarra報告撰寫人的身分。」威卡發言人繼續對《商業報》說：「當威卡經理得到監視行動的消息後，立即停止了這項行動。」

當時，二〇一九年夏天，公關顧問馬丁嗅到一絲機會可以讓英國的記者好看。他想把錄音帶上賣空投機者的訊息給德國記者，並要求馬薩雷克給他更多關於錄音帶提供者的資料。

馬薩雷克答應讓他跟線人碰面，又是在「凱菲爾」。馬薩雷克在那裡介紹他認識一個利比亞人，一個前高階情治官員。馬丁說，這個人表明自己是威卡的股東。利比亞人說，他讓偵探製作這捲錄音帶來報復賣空者，他因為威卡遭受報導攻擊損失了大筆金錢。我們找不到這個情治人員發表意見。

在跟這位線民談過話後，馬丁將消息散布出去。突然間，《金融時報》成為德國幾個媒體的箭靶。《金融時報》總編輯萊奧納．巴伯（Lionel Barber）委託一個律師事務所澄清對麥克倫和摩爾菲的指責。調查進行了兩個月，結果是記者並無可指謫之處。在這兩個月期間，《金融時報》無法刊登計畫中針對 Al Alam 可疑客戶的報導。在這兩個月期間，投資人繼續購買威卡的股票，而且威卡可以推出超過十四億歐元的兩個債券。

公關人馬丁的計謀備受讚揚。「馬薩雷克覺得太酷了。我成了英雄。」這個方法有待商榷，卻成功阻擋了《金融時報》。

威卡員工發現支付業務嚴重虧損

但是英國記者不是唯一追蹤線索的人。二〇一九年春，威卡策略部門的員工突然想到在集團裡也可以開源節流，換換口味。他們之所以會有這種感覺，是因為不同的公司併購案有太多工作必須重複做，最好能把工作集中在一起。為了有個清楚的答案，策略人員仔細檢查了每個生意領域，第一次評估了原始資料，不再依賴處理過的數字。經過兩個月的分析後，他們在夏天得到驚人的結果：威卡的核心業務，也就是處理顧客的支付手續，是虧損的。太多費用，太多員工。他們看到，只有和第三方夥伴合作的生意才有獲利。

破產管理人米歇爾．亞飛在威卡倒閉後也得到同樣的認知。在他寫給慕尼黑地方法院的報告中說，威卡令人屏息的營業額激增「基本上」是因為跟第三方夥伴合作的生意增加。清除了可能不存在的生意後，威卡的商業營運「嚴重虧損」。根據破產管理人團隊的計算，排除可疑的生意以及它們帶來的可疑利潤，二〇一七年的虧損可能高達九千九百萬歐元。二〇一八年的赤字則是一億九千萬歐元，而二〇一九年三億七千五百萬歐元。二〇二〇年第一季的結算是虧損八千六百萬歐元。所以三年三個月以來，一共虧損了七億五千萬歐元。

現在回到威卡策略部門的員工身上。他們有疑問，跟夥伴例如 Al Alam 以及類似公司的生意到底是怎麼運作的？誰站在幕後？核心業務的高額虧損是怎麼來的？我們又如何能降低虧損？

一位以前的策略部員工說，他和同事帶著他們得出來的結果去找財務長封克諾普和產品董事史坦德，他們兩個人給人的印象是從驚訝到驚嚇。封克諾普和史坦德的律師沒有針對這個事件做回應。

有線索指出，封克諾普本人對第三方合作夥伴不是百分之百瞭解。二〇一九年十二月他接待了本書的一位作者，談論到第三方合作夥伴。他在白板上畫了幾個方塊代表信用卡支付的價值創造鏈。封克諾普說，威卡希望能覆蓋整條環節，但是有時候不能完全覆蓋。最右邊外面他畫了一個小方塊。這是Al Alam，「許多夥伴中的一個」，是威卡在不能覆蓋的情形下所需要的夥伴。充其量只不過是個聚合器，幫忙威卡建立跟有營業執照的銀行之間的聯繫，但是不會接觸到客戶的錢，其實也不會接觸到客戶。客戶只會使用威卡的平台，因此Al Alam的客戶不知道Al Alam的名字也不奇怪。簡單地說，Al Alam只是一個替威卡跟國外銀行搭線的公司而已。

只是這個故事連在理論上也站不住腳。事情是這樣的，威卡把客戶介紹給Al Alam，然後Al Alam替客戶處理支付程序，沒有威卡的協助。但是威卡會得到佣金。財務長不知道自己公司的會計帳？

兩個來自封克諾普身邊的人揣測，財務長只是知道得不夠清楚。他們不相信他是蓄意欺騙。

負責大的第三方合作夥伴如Al Alam的也有馬薩雷克。兩位董事也讓策略部門的員工去找馬薩雷克。當他們二〇一九年夏末跟馬薩雷克見面時，馬薩雷克的態度非常輕鬆自在，一位策略員工說。馬薩雷克的反應很殷勤有禮，「幾乎已經有點奇怪了」。

第三方合作夥伴？策略部門的同事說，馬薩雷克解釋這是一個仲介生意。威卡把自己不想要的客戶交給夥伴，讓他們來處理客戶的支付業務，而威卡從夥伴那裡拿到錢。威卡收到的佣金會進入一個戶頭，做為客戶收不到錢的準備。誰是夥伴如Al Alam後面的負責人？「他的態度遮遮掩掩。」

策略部門的同事滿意馬薩雷克的回答，並為核心業務發展出一套節流計畫，但是沒有付諸實踐，因為董事會不想省錢。

然而一年以後，破產管理人亞飛確定節約是必要手段，因為威卡的結構「完全不透明」。員工的「職責範圍沒有具體恰當的分界」，負責範圍「出於有意或無意，任其任意散布在全球」。人事費用非常高。二〇二〇年夏天的支出超過一千五百萬歐元——每個星期。「例如一個有資訊工程小組的紐西蘭公司在希臘雅典的分公司，提供對公司生意來說基本上並不是必要的服務。」亞飛指謫。

當第三方合作夥伴的生意出現越來越多問題時，策略部門的員工再度聯繫馬薩雷克，他們想知道威卡介紹給Al Alam及其他夥伴的客戶名稱。一位前經理說：「但是他從來沒有提供過。」

前進中國支付市場

二〇一九年夏天的威卡還相當平靜。沒有野火，《金融時報》正忙著做內部調查。正是時候可以推行董事會成員很關心的計畫：前進中國市場。雖然德國這裡已經與中國公司如阿里巴巴合作，但仍只是小眾市場，例如在慕尼黑機場提供中國旅客的支付服務。廣大的中國國內市場對威卡來說還是一大片空白。德國這邊想接手中國的支付服務業者商銀信（AllScore Financial），但是必須經過中國政府的同意。這在一個黨政一體的國家內並不是一件容易的事。

二〇一九年執行這項計畫的最佳人選是已經兩年不在董事會，但是仍有很大影響力的人：賴。

賴在威卡總部還有一間辦公室和一位助理。他是董事會的策略顧問，很多威卡前高級經理說賴是幕後的操盤手。當他的合約在二〇一九年中止的時候，監事會不想在新的合約上簽字。董事會要自己負責簽字。

前進中國。賴積極跟有力人士聯絡。二〇一八年十一月他是陪同外交部長海科・瑪斯（Heiko Maas）訪中經濟代表團的一員。同樣在二〇一八年十一月，他跟伯朗帶領總理政務官朵蘿媞・貝爾（Dorothee Bär）參觀威卡在阿旭海姆總部。伯朗事後請求跟總理梅克爾會面，但沒有成功。他想跟梅克爾談些什麼沒有公開，但是有提供他跟梅克爾的經濟顧問拉許－恆德列克．羅樂（Lars-Hendrik Röller）會談的機會，他沒有接受。

威卡利用其他管道來接近總理，這現在可以在政府針對反對黨質詢所做的答覆裡讀到：九月三日一個人向總理提出見面申請，這個人曾經擔任過梅克爾任內的部長，卡爾－特歐多．祖古騰貝格（Karl-Theodor zu Guttenberg），他曾經是基督教社會聯盟黨的未來希望，先後擔任經濟部長和聯邦國防部長，然而在他的論文大部分是剽竊而來的消息公開後成了梅克爾殞落的愛將。目前祖古騰貝格到處替企業當顧問，並利用他在國內外的政治關係。他事後告訴《明鏡週刊》，他「在二〇一六年和二〇二〇年間，不是連續的」當威卡的顧問，他的工作跟賴有關係。

祖古騰貝格拜訪的日期很巧妙地選在二〇一九年九月三日，再過幾天梅克爾就要前往中國做國是訪問。緊接在這次會面後，祖古騰貝格寄了一封電子郵件給經濟顧問羅樂。聯邦政府事後解釋，他想「報告威卡進入中國市場的企圖和情況，並請求在總理第十二次的中國訪問框架下給予協助」。祖古騰貝格提到想接收商銀信，而「威卡在接收商銀信後，會成為全世界第一家在中國金融服務業裡占絕對多數的公司」，聯邦政府這麼表示。

會談和電子郵件對梅克爾在九月五日到七日的旅行發揮了作用。「總理在她的中國旅行中提到了威卡購併商銀信的議題，」聯邦政府做了說明，並且強調，「在旅行的時間點，總理並不知道威卡可能有嚴重的違法情形。」但是指責威卡違法的消息早已公開了八個月。

羅樂從中國回來後跟祖古騰貝格聯絡，並告訴他總理在會談上談到這個議題，他也承諾「後續的協助」，並與北京的中國大使以及柏林的中國大使談話。至於具體內容，聯邦政府不願透露。

動用政治圈要人當說客

不久之後，九月十一日羅樂為了「互相認識」，跟賴、威卡的財務長封克諾普一行，與前聯邦情報局專員克勞斯迪特．傅利徹（Klaus Dieter Fritsche）見面。後者身為顧問替這次會面穿針引線。一位前情報局人員當威卡的說客？這已經很不尋常。同樣不尋常的是，傅利徹二〇一九年受奧地利自由黨的內政部部長雇用，整頓聯邦憲法保護和反恐怖主義局（BVT）。這是馬薩雷克也被牽上關係的情報單位。

威卡顯然很喜歡任用以前曾在情報單位工作過的人協助。他們在巴伐利亞利用前警察局長瓦德瑪．金德勒（Waldemar Kindler）當引薦人，他替賴和財務長封克諾普在二〇一九年十一月安排到與巴伐利亞邦總理馬庫斯．蘇德（Markus Söder）在總理辦公室會面的機會。「封克諾普先生和賴先生介紹威卡公司是新的ＤＡＸ指數公司，並沒有提出具體的請求。」巴伐利亞邦經濟部事後說明。

除此之外，威卡還取得另外兩個前知名政府首長的服務：彼得哈利・卡斯藤森（Peter Harry Carstensen），他是前什勒斯維希霍爾斯坦邦（Schleswig-Holstein）的邦長，替賴在二〇一四年安排跟巴伐利亞邦內政部部長約阿信・赫曼（Joachim Herrmann）的會面，「在這次會談中，賴先生介紹了威卡公司在博弈領域的各項服務，」二〇二〇年巴伐利亞邦的經濟部做了上述解釋。這次見面後沒有後續會談。另一個威卡的說客是歐勒・封伯斯特（Ole von Beust），前漢堡第一市長。封伯斯特在二〇二〇年還在賴的中國議題上一起合作。

二〇一九年十一月五日威卡宣布逐步合併商銀信。一份新聞稿中聲稱，「二〇二二年的稅息折舊前利潤會達到五千萬歐元」。在這個十一月五日伯朗過五十歲生日，一份美好的生日禮物。

當時跟祖古騰貝格和他的公司合作的威卡員工都很滿意他們的諮詢顧問工作。祖古騰貝格在柏林成功為威卡遊說，他在中國的團隊替威卡在中國「打開大門」，因為他們跟國家機關和大型企業有很好的關係，而這些大型企業是潛在的合作夥伴。也是祖古騰貝格的團隊將中國的商銀信介紹給威卡，做為合併的候選對象。一位瞭解這樁生意的經理說：「祖古騰貝格團隊的工作非常傑出。」

美洲豹撲向德意志銀行

賴不僅積極參與中國的事務，也參與「路易十三」計畫，也就是購併德意志銀行，從二〇一九年起更名為「美洲豹計畫」。美洲豹比燒酒更適合。美洲豹意謂匍匐前進，攻擊，撕咬一口，獵物死翹翹。這很適合，畢竟是德意志銀行中斷了合作的對話。

麥肯錫顧問公司受委託製作計畫草案。麥肯錫的夥伴在十一月提出一份四十一頁的「討論記錄」，裡面是一個「故事情節」，一個經由併購行動向世界述說的故事。而這個故事是這樣的：一家銀行和一個科技集團合併，由此產生一個「像金融科技一般思考和行動的集團，擁有全球化銀行的規模」。麥肯錫認為計畫有這樣的效應：從二〇二五年開始獲利會增加六十億歐元，股市市值也會翻倍。

「我們想，一家老銀行和一家新科技公司會產生很高的評價。」一個當時參加這個計畫的經理說。這位經理現在用另一個觀點來看當時的想法：「如果當時合併成功，只是把整個問題遮蓋起來。」他能想像，合併的動機可能出於一個荒誕的想法，認為可以在龐大的財務報表裡偷偷摸摸地把威卡的問題清乾淨。

甚至連合併後的工作崗位都分配好了。誰將成為新的金融冠軍老闆？當然非伯朗莫屬。德意志銀行的老闆賽文必須滿足於監事會裡的一個席位。「德意志銀行」這個名字最好完全消失。公關顧問馬丁讓一位熟識的平面設計師設計了一個新公司商標，開玩笑地讓德意志銀行的標誌垮下來成為一個W，當作威卡銀行的字首。新公司名字裡再也看不到德意志銀行。馬丁和另一個參與計畫的經理證實，如果威卡的股票價值超過一百六十歐元，「美洲豹」將撲向德意志銀行。伯朗的律師反駁此事。

計畫正要啟動，《金融時報》又來報到。二〇一九年十月十五日刊出的報導對麥克倫來說可能是最重要的一篇，它揭發了第三方夥伴生意的存在和金額。麥克倫指出，威卡經理使用的手法似乎是為了「不實誇大威卡在杜拜和愛爾蘭的營業額和獲利」，並且欺騙安永的審計師。

馬薩雷克和伯朗再度上戰場對抗賣空投機者與記者的陰謀。但是這次沒有那麼簡單。威卡營業額的主要部分來源很可疑，讓一些投資人很不安。要求外部審計師做一次特別審核的聲音越來越大。

當二〇一九年十二月威卡股價只超過一百歐元一點點的時候，「美洲豹計畫」中止了。如果股價再度超過一百六十歐元就會執行併購，美洲豹就會運用在致命的一擊上。這是威卡的計畫，但是從來沒有實踐。

第15章 太平時代進入尾聲

伯朗的年輕黨羽主導監事會，直到艾希曼進入監事會並進行決定性考核

一些德意志證券交易所員工至今在被問到前老闆湯瑪斯・艾希曼時還會屏住呼吸。這位面容嚴肅的經理擔任證券交易所財務長已經是十幾年前的事了。他在那裡只工作了兩年，但是很多人都還清楚記得他。有一次一位員工不小心把車停到艾希曼的公司停車位，艾希曼把他的車堵住，直到深夜才讓這位員工把車開出來。他時不時召集領導階層在晚上匯報，偶爾還讓他們等上好幾個小時。「他藉此展現他的權力。」一位前同事說。以前的員工也記得他曾在大庭廣眾下對同事咆哮，人事部門收到的申訴如大雨來襲。職工代表委員會說：「他的行為在我們德意志證券交易所前所未見。」其他的董事應該對他也很不滿，因為他不顧慮其他人的利益，就連個性冷靜的董事長雷特・法蘭奇歐尼（Reto Francioni）也曾跟他有過唇槍

舌劍。

艾希曼不想讓每個人都喜歡他，這卻成為他能在威卡跟強勢的伯朗抗衡的先決條件。有他在監事會，一些人就有把握，董事長不能再輕易地把棘手議題推掉或是拖延下去。因為艾希曼跟其他監事不同，他不需要這份工作。在過去這段時間裡，他替億萬富翁，也就是Asklepios醫院創辦人路茨・黑明（Lutz Helmig）管理財產八年，他因此替自己累積了豐厚家產。艾希曼不需要擔憂生計。但是，他身邊的一群人說，艾希曼還想工作，想為德國企業界出一些力，但不要是全職經理。威卡的工作像是為他量身訂做。

不專業但好賺錢的監事會

艾希曼剛好認識史蒂方・克雷斯提爾，他在威卡擔任理事已經超過十年。威卡的監事會正巧要找人，於是克雷斯提爾問艾希曼是否有興趣，並將他列在候選名單上。二〇一九年七月的股東大會上，這位銀行家被選上。一位在他周圍的人說，艾希曼很高興得到這份任務。

雖然艾希曼跟伯朗同屬於組織內的領頭狼，但是他們倆一開始還合得來。艾希曼很敬重伯朗在企業上的成就，威卡董事長憑一己之力成為億萬富翁讓他印象深刻，只是這份景仰之情很快就冷卻。艾希曼知道的細節越深入，要求的資料越多，也就越清醒。艾希曼跟別人說，他認為威卡是一家亂糟糟的店，董事會裡沒有專業人士，只有公司內部的人，他們從來沒有學過一般是如何架構、領導和組織一個市值達億萬歐元的企業。行政管理？一塌糊塗。監事會？不專業。

然而艾希曼相信他可以幫上忙。他跟前任不一樣，要重新詮釋他的職位。

到目前為止，監事會只不過是大股東伯朗的延伸手臂，伯朗把威卡當作一家由公司所有人親力親為的中型企業領導。隨著威卡第一代的鮑爾和瑞尼以及周圍的人退出後，監事會長時間以來只有三個人：銀行家沃爾夫．馬提亞斯，他是二〇〇八年到二〇二〇年一月的監事會主席；公司顧問阿豐思．恆瑟勒（Alfons Henseler）以及史蒂方．克雷斯提爾，他是有聲望的金融科技專家，投資公司 Speedinvest 的夥伴，奧地利前任總統湯瑪斯．克雷斯提爾（Thomas Klestil）的兒子。

監事會一職收入驚人：在二〇一〇年和二〇一一年，威卡那時的營業額不超過三億兩千五百萬，克雷斯提爾在這兩年每年得到十三萬歐元，不過他還是威卡子公司威卡銀行和威卡科技的監督人。我們做一個比較：二〇一〇年當時二十個德意志銀行的監事中只有四個監事賺得比他多，而德意志銀行當時比威卡大很多。

監事主席馬提亞斯在威卡的工作（他當時也在威卡銀行的監事會裡擔任監事）在二〇一五年價值將近四十一萬一千歐元，這時候威卡還屬於德國股市技術指數（TecDAX）中的公司。超過一半的報酬是紅利，這也是威卡監事會系統中一個嚴重的錯誤誘因：從二〇〇八年開始，威卡讓監事們一起跟著公司的瘋狂成長賺錢。如果合併的息稅前利潤在最低的基本額三千萬歐元以上，每超過一百萬元就有額外有一千歐元的淨收入，之後威卡逐年提高基本額。

除此之外還有其他糾纏混雜的地方：克雷斯提爾在二〇〇九年和二〇一〇年擔任威卡的顧問，一共收到五萬五千歐元，如果他早在接受監事職務前就從事這項工作，那他應該在上任監事的時候結束這項工作。最高監督者馬提亞斯從威卡銀行那裡多次得到信貸額度，例如二〇一一年有超過二十萬歐元的透支貸款。

不瞭解外界批評，不研讀報告

威卡多年的總監事馬提亞斯在二〇一一年前是德國瑞士信貸集團（Credi Suisse）的董事。他愛好繪畫和素描，在法蘭克福歌德高級文理中學的音樂分校完成大學會考，主科是藝術。他說他原本想成為建築師，卻成為銀行家。

他從二〇〇八起成為威卡的監事。集團裡所有最基本的決定都是在他任內提出來的：在亞洲毫不留情地擴張，在印度以過高的價錢購買支付業者，買下花旗集團悽慘的客戶群，新加坡事件等等。這位戴著大眼鏡，將白髮往後梳的先生，在別人眼中看起來比較像是董事長助手而不是監察人。他放手讓伯朗做。為什麼要提出嚴厲的問題？公司運作得很好啊。而且這份工作的報酬非常吸引人，一年開幾次會議的工作量也是一目了然。威卡受到批評的時候也沒讓他慌亂。二〇一九年十月中，他還將公眾對威卡年度結算的討論稱為「惱人之事」。他說：「故事源源不絕，每天三個。我沒有仔細看。我們有更重要的事情要做。」

一個不仔細研讀對公司嚴厲批評的監事會主席？這對金融中心德國的名聲不是一件好事。

也許馬提亞斯只是太累。根據許多證人的說詞，他在二〇一九年的股東大會上睡著了。他七十五歲，活動力符合這樣歲數的人。一位顧問說，有些事情必須多跟他解釋幾遍。

十月十八日他又出了大糗，他跟《金融時報》說，威卡不會進行特別審核。然而三天後，監事會決議會做特別調查（至少跟特別審核有一點點不同）。馬提亞斯說：「我們認為，重新做的獨立審核能終結所有的猜測與投機。」

二〇二〇年一月當馬提亞斯把監事會主席的位子讓給艾希曼時，他又提到自己的豐功偉業。在他任內，威卡股份有限公司寫了德國新經濟史上「史無前例的成長和成功故事。威卡目前是在國際間營運的績優公司，因此也進入公司發展的新里程。」

監事克雷斯提爾也不適合做監督人。他比較隨和，不會為監事會開會準備得太過充分而引人側目，他對準時的要求也不是特別高。在監事會委託畢馬威會計師事務所的審計師調查《金融時報》的指責後，在下次開會前他並沒有仔細研究會計師的報告。這對一個DAX指數公司的監事會成員來說要求太多，雖然他們的董事被懷疑虛構營業額。但是在金融科技領域上他非常專業，他瞭解這個行業。其他人說，在策略主題上他也會提出正確的問題，而且至少有一次甚至以批評者姿態大出風頭。克雷斯提爾不僅是威卡股份有限公司的監事，也是威卡銀行的監事。當伯朗想從銀行貸款時，克雷斯提爾至少投下了反對票，不過伯朗還是取得三千五百萬歐元的貸款。這個決定對克雷斯提爾來說一定不容易。他跟伯朗的關係很好，兩人都是奧地利人，在維也納相距不遠的地方長大，兩個老鄉都在維也納時偶爾會相聚。

總體而言，集團領導和監事會的關係很和諧。監督人讓大部分棘手的生意過關，如果有麻煩出現，伯朗會在正式會議前就把問題排除。

待過監事會的女性經理

當幾位女士進入監事會後，男人之間的和睦受到影響。不過第一批娘子軍撐不久。提娜・克萊岡只做了一年半就掛冠求去。在她之後是蘇珊娜・昆塔納－布拉薩（Susana Quintana-Plaza）。這位來自能源領域的經理人也沒有待比較長，於二〇二〇年四月離開，那時阿旭海姆總部已處於危機模式。威卡內部的人說，她在專業上很頂尖，是一位有地位的經理人，具有說服力，有批判性，對監事會來說是加分。雖然她的南歐人脾氣有時候會讓人吃不消。當昆塔納－布拉薩情緒激動時，氣氛會很緊張。自從她被延攬進一個葡萄牙能源公司的董事會之後，她的時間越來越少，也越來越常缺席，參加監事會會議不只一次來得太晚，這對從二〇一九年春季起處於危機的威卡來說，不是一個很好的狀態。當二〇二〇年監事會的工作量大增，就明顯構成了問題。

昆塔納－布拉薩在畢馬威的審計師公布特別調查報告前不久離開威卡。威卡隱瞞這個消息三個星期之久，這位女經理自己透過領英（LinkedIn）帳戶公開她的離職消息。這件事在一個DAX指數公司內非比尋常。威卡裡有一些人對她的離開表示惋惜。

相較之下，烏依絲娃．麥可瓦本尼有一個忠實的靈魂。她於二〇一六年加入威卡。到二〇一八年前她是SAP的產品策略長，現在獨立自營Business transformation Champion公司。她瞭解威卡的生意，在監事會偶爾也會提出聰明的問題，只是不常。如果問監事會周圍的人對她的印象，大家第一個想到的都是她的服飾風格。她總是高雅得體，一走進室內，一些人會為之屏息。至於她是否針對棘手議題提出批判性問題，其他人都沒有印象。威卡有些人懷疑她有利益衝突，許多人說她其實想進董事會。她自己並不想回答這個問題。

還有安娜絲塔西亞．勞特巴赫，她是一位人工智慧專家。有很多人說（數目多到數不清），沒人跟她合得來。她處事不夠圓融的態度不斷引人側目；一旦開始說話就不會很快結束；當眾冒犯別人，對，有一次還鬧得很大聲，例如在二〇一九年股東大會結束後。監事會副主席恆瑟勒沒有再出任，他的職位（待遇明顯比一般的監事高）因此空出來。股東大會才剛結束，監事中有人說：「來，在去啤酒園之前，我們趕快來開一次組成會議。」他們在幕後開會，結果勞特巴赫和麥可瓦本尼發生爭吵，他們兩個人都想爭取監事會副主席的職位。實際上從專業角度來看，他們兩人都不適合，不過他們剛好都沒有正職。《經理人雜誌》（*manager magazin*）在幾個月後好好嘲笑了這段插曲。最後勞特巴赫出局。很可惜，因為勞特巴赫很聰明，也能直指痛處，但是她和她的批評意見常常無法贏得重視，因為，說穿了，沒有人受得了她。

為平息憤怒的股東

對伯朗而言，監事會算不上是個值得一提的障礙。如果監察人想要什麼，而他不是百分之分同意，他就會利用監事會結構上的弱點：對監事會的願望——例如擴充監事會或是董事會成員，加入曾經在正派公司工作過的人——採取拖延戰術。原本監事會不需要徵詢伯朗，可以直接強迫他增加一個監事或是董事。但是伯朗不僅是公司的最大股東，還不斷有謠言傳說，他跟支持他的投資人所占的投票權高達百分之三十五。如果真的這樣，他可以在下次股東大會上把不受歡迎的監事掃地出門。

至少在二〇二〇年以前，伯朗不會很高興聽到未來會有個陌生人一起在董事會領導。他反對的理由是一切都進行得很順利，股價也有很好的發展。伯朗就是拖延，靜待事情過去，但是伯朗的律師反駁此事。監事會長期不能常常開會對伯朗是一個優點。他因此能爭取到更多時間，並且希望時間能讓人忘記一切。

伯朗為什麼要擔心？監事們又搞不定自己的監事會。需要個例子嗎？二〇一九年八月二十日到二十二日監事們在薩爾斯堡的一家飯店見面。議程上有一個重要議題：合規。威卡花了很多錢讓傳奇的麥肯錫公司看一看威卡的運作情形。在新加坡發生的事怎麼說都有點愚蠢，監事會也是看報紙才得知消息。現在必須整頓一下公司，而這次開會將是重新出發的第一步。本來應該可以很完美的，但是剛才提到《經理人》對二〇一九年股東大會後可以拍成電影的監事會會議報導破壞了氣氛。《經理人》雜誌的報導標題叫〈小星星大戰〉。主角是監事勞特巴赫和麥可瓦本尼，飾演鬥雞。這篇報導引爆了這次會議，氣氛無可救藥。會議裡懷疑有人把內部消息透露給新聞媒體，監事會內毫無團結可言。

如果不是一些憤怒的股東受不了，因為他們老是在《金融時報》或是其他地方看到他們的投資標的跟不好的標題連在一起，誰知道這個悲劇還會上演多久。令人不悅的「特別稽核」字眼經常出現，所以監事會寧願委託人做「特別調查」。兩者聽起來一樣，但還是有一點差別。

特別稽核員受股東委託，他既不跟董事會也不跟監事會合作，可以說是公司裡一個暫時獨立的新委員會。一般而言，這個委員會存在對公司代表而言並不舒服，而且跟很多形式上的東西有關。為了避免這些麻煩，監事會委託畢馬威會計師事務所做法務審計。就連伯朗也同意了。

法務審計比一年一度的財務報表審計還要深入，兩者的先決條件不同。年報的審計師可以假設公司員工提供他的資料都正確無誤。但是法務審計師不一樣，他的工作在找出有無犯罪行為的證明。但是不尋常的是，畢馬威會計師事務所被賦予很多權力，審計師保證享有決定審計方法的自主權。這意味他們可以自己決定要得到哪些數據，要多深入。這對新的理事艾希曼很重要。當然，他才上任幾個月，沒有什麼事情可以責備他，自然可以輕易讓人深入研究過往的黑歷史。

十月二十一日股東從新聞稿上看到開心的消息：「威卡委託獨立的審計師做審核」。畢馬威的審計師要「要針對英國《金融時報》提出來的所有指責做廣泛獨立的」調查，他們可以取得「集團各個層級的所有資訊，不受任何限制」。伯朗刻意輕鬆地表示：「我深信，透過獨立調查能讓大家對我們的成功且不斷成長的生意更有信心。」新聞稿上引用他的發言。

對於讓畢馬威調查公司的想法，沒有人知道伯朗真正的立場。他周圍的很多人說，他們並沒有從伯朗那裡得到他覺得這個主意很好的印象，但是也沒有伯朗心存恐懼的印象。他的態度一直保持中立。

面對外界，伯朗把整件事當成替公司解圍的行動。他在跟《商業報》的訪問中談到：「我們所有的生意關係都是真實可靠的。」《金融時報》的論述是「錯誤的」。能維持每年百分之三十的成長率嗎？「我們甚至能加速成長率，」伯朗誇口說，「我認為，未來十年將比過去的十年更令人興奮。」

伯朗走上下一個戰場。這次不是對抗賣空的投機者，而是審計師。

第16章　走訪掌管億萬的人

威卡偵探團移師菲律賓，在那裡見識到一個古怪的信託管理人

畢馬威會計師事務所階段性分派四十個審計師處理威卡的工作。情況比想像中還糟。員工察覺，伯朗對法務審計徹查的深度感到非常驚訝。「原本以為會跟一般的年報審查差不多，但是這比較像警察的調查。我們之前並不清楚情況。我相信，伯朗也不清楚。」一個親臨其境的人說。

一個跟審核工作密切合作的威卡員工說，公司有些人不勝負荷，「畢馬威明確要求我們應該準備什麼樣的文件，但是很多文件我們根本就沒有。公司原本就一團亂。很多在其他公司是標準規範的東西，我們公司沒有，例如重要會議的記錄和所有的合約。我們也束手無策。」畢馬威的審計師一直要求具體的文件，「如果無法提交，我們就有麻煩。他們也不接受用其他管

道來證明他們想知道的東西。」有些威卡員工覺得自己被綁赴刑台，並覺得審計師的態度不公平。但是我們平心靜氣看一下：當法務審計師看到的不是記載清楚明白的會計資料，而是一個無底黑洞，又能有多少的體諒？威卡員工面對畢馬威代表的態度多少帶有些敵意。

命運捉弄人，從牽涉其中的員工角度來看，接著還發生了其他災難。新加坡的信託管理人山姆嘉拉南被警察找上門，他就是那個有間跳舞酒吧，據說在二〇一九年年底替威卡管理將近二十億歐元的人。新加坡機關調查威卡多位員工和前員工大約一年左右的時間，因為他們涉嫌偽造合約，詐欺和洗錢（參看第十一章）。偵訊過程現在也成了拉加拉南的問題，因為他也在涉案的兩家公司工作，所以警察也來搜索他的住處。

因為這些紛擾，拉加拉南信託戶頭所在的新加坡銀行解除了他們之間的生意關係。這位信託管理人首先問了友人，馬尼拉的律師馬克．圖倫提諾，是否能介紹一家菲律賓銀行來接管這個戶頭。圖倫提諾替他在菲律賓金融銀行（Banco de Oro, BDO）和菲律賓群島銀行（Bank of Philippine Islands）開設戶頭。這是圖倫提諾後來說的。當新加坡的信託管理人自覺因為威卡惹上太多麻煩，他就把任務交給了圖倫提諾。

這位信託管理人監管威卡超過五年的營業利潤，畢馬威正在稽核的時候卻悄悄溜了，從此威卡員工連絡不上他。他把帳戶轉移給好朋友，也沒有讓威卡事先調查一下這位朋友的可信度，留給人不是很好的印象。

「我們也無可奈何。是新加坡的銀行解約，我們很高興問題果斷解決了。公司裡有畢馬威的審計師查帳，麻煩已經夠多了。」一位員工這麼說。但是大家都清楚，這筆二十億歐元的款項接著應該要安排到其他地方，一個中立之地，例如瑞士或是列支敦士登。「馬薩雷克說，他也抱持同樣看法。」

奇怪的信託管理人

但是現在必須先處理菲律賓的事。大約在三月三日左右，馬薩雷克替審計師安排了一趟長途旅行，目的地是菲律賓首都馬尼拉。遠遊的主要景點是信託管理人圖倫提諾和信託帳戶。一趟令人難忘的旅程。

訪問團分乘三架不同班次的客機。除了馬薩雷克外，同行者還有馬丁・達蒙（Martin Dahmen），他是安永會計師事務所的夥伴，此外還有畢馬威的兩個審計師以及威卡的合規主管。一般正常的驗照通道幾乎不需要排隊，不同時間抵達的訪問團成員幾乎都可以經由外交官通道離開機場。

安排快速通關的人正是我們提到的圖倫提諾，他幾個星期前才剛始監管威卡的信託戶頭和裡面的二十億歐元。一位非常有才能的人，他的網頁上說他是律師、作者、法學教授和「媒體名人」，當然也是「一位成功的商人」。他的特點：「年輕，有活力和有進取心」。光看他的臉書就很有意思，他提供免費的法律諮詢，專業範疇是證明婚姻無效，跨國離婚，領養和「更正出生證明」。在他的大頭照上，這位穿著黃襯衫的四十歲男士看起來只有十四歲，但是已經有一些職業歷練，例如他曾在菲律賓交通部擔任高階職位，可是根據媒體報導他被炒魷魚，因為他太常誇耀他跟總統杜特蒂的妹妹走得很近。從此以後，他以律師和網路名人的身分工作。

現在他是德國訪客的旅行贊助人，跟他會面的時間訂在三月四日的早晨。這位律師的辦公室在馬卡蒂（Makati）市區一棟破敗的辦公大樓裡。一樓是健身房，還有一個速度緩慢的狹窄電梯通往最高樓層，途中經過一個老舊的樓梯間，再爬幾級階梯到頂樓的房間，圖倫提諾的會議室在那裡。德國訪客十點準時赴約，菲律賓律師卻不在，他讓訪問團等了超過半小時，他的員工替客人張羅了保麗龍杯裝的咖啡以及街上轉角書報攤販賣的可樂。

然後他像個大師飄了進來。圖倫提諾穿著灰色襯衫搭配白領帶，上面有米色的繡花。

他坐在桌子的一頭，另外一邊站著一位小姐，是他帶來的，可能是他的公關顧問。她做了一場演講介紹圖倫提諾，也特別讚賞了律師和菲律賓總統家庭的密切關係。期間圖倫提諾不停打斷她做一些補充。「這場演講想傳達，他毫無疑問是監管這二十億歐元的正確人選。」當時的一位聽眾這麼說。然後圖倫提諾還贈送一些客人他寫的一本書。一個參與會議的人說，整個場面很古怪。訪客面面相覷，有幾個人看得出來很想縱聲大笑。儘管如此，大家表面上還是很尊敬地稱呼他「馬克律師」，一位與會人士說。畢竟沒有人想冒險把氣氛搞僵，然後受侮的圖倫提諾不讓他們看有幾十億金額的信託帳戶資料。

一位參與者說，馬薩雷克風度翩翩地接招，感謝圖倫提諾完美的演講，然後終於進入這次來訪的主題：信託帳戶。圖倫提諾描述他是如何幫助前任信託管理人在菲律賓找到新的銀行，並且按照他的願望接手職務。圖倫提諾報告他設立了六個帳戶，並在設立時匯入一千歐元，還報告了現在戶頭的情況。與會人士說，一切雖然看起來很古怪，但不犯法。

之後，圖倫提諾跟菲律賓的拉普勒新聞網（Rappler）說，他從來沒有負責威卡的二十億元戶頭。二月份新加坡城堡公司服務（Citadelle，也就是舊的信託管理人）的幾個代表來找他，他們打聽如何在菲律賓設立金融科技公司，並請求他擔任公司的信託管理人。他答應了，但是沒有正式的合約。他開的幾個戶頭上的金額都非常小。圖倫提諾說：「只夠買一隻蘋果手機。」

銀行的奇幻旅程

菲律賓雖然是毒品的天堂，但是說德國旅遊團到圖倫提諾辦公室的訪問和那一天的其他行程全是幻覺是極不可能的。在圖倫提諾演講完畢後，一行人分搭幾輛車從律師事務所前往菲律賓群島銀行的分行。幾輛車中間會穿插一輛沒載客的汽車，車隊前後各有一輛警察的摩托車，排場像是外國元首來訪。

第一家分行不是坐落在一棟現代高樓大廈裡，而是在馬卡蒂市區一棟破舊的一層樓建築物內，位於車輛川流不息的奧坎波大街上。一位旅遊團團員回憶，那「一條路猶如第三世界」。對面是天主教學校聖思嘉（St. Scholastica）的禮拜堂。一位身著制服的銀行行員從櫃檯後面走向前和他們說話，一位參與者說，這位行員將戶頭資料遞給信託管理人，他再把資料給大家看。

一位在場的人說，行員不可能是演員。「這家分行對我們一行人來說太小，我們在那裡很引人注目。如果是一個不在那裡工作的人服務我們，別的行員一定會察覺。」

第二家分行屬於菲律賓金融銀行，在很遠的一家購物中心裡面。圖倫提諾曾說過他住在附近，所以這家分行對他來說很方便，一位參與者說。這家分行是一排商店的最後一間，在一家電子產品連鎖店的左邊。這次是一位女行員服務來訪的德國人。一個訪客說，早上在圖倫提諾的律師事務所已經看過她，她跟其他行員一樣也穿著銀行制服。她從一張辦公桌後面走過來。兩家銀行的代表證實信託帳戶在他們那裡，二〇一九年十二月三十一日的存款將近二十億歐元。

回到阿旭海姆之後，合規主管批評了信託模式。財務長同意他的看法，伯朗和馬薩雷克則「不是很注意這件事」。

之後兩家菲律賓銀行解釋，威卡將近二十億歐元的款項從來沒有存在他們銀行的信託帳戶裡面。菲律賓的中央銀行後來解釋：「這筆錢沒有流進菲律賓的銀行系統。」圖倫提諾呢？他沉默不語。

不存在的生意，不可能的任務

菲律賓的反洗錢小組 AMLG 對五十七個人展開調查，其中包括圖倫提諾和兩位銀行行員。但是一切都太晚才揭發。三月十二日，威卡的世界大部分都還正常運作。這一天公司雖然公布，畢馬威會計師事務所還需要更多時間製作特別稽核的報告，針對與第三方夥伴如 Al Alam 的生意還在調查中，其他的調查已經結束，並沒有重大發現，新聞稿的大致內容是這樣。新聞稿中透露出還缺少文件的訊息。這不好，但是沒有理由恐慌。「我們不擔心。」一位監事說：「調查開始的時候，也正是威卡全員忙著處理二〇一九年年度報告的時候，人手不足，然後又是新冠疫情。」

兩個星期後，氣氛已經有點低迷。三月二十四日圖倫提諾用電子郵件把銀行公文寄給安永律師事務所，文件明顯有錯誤。因此圖倫提諾三月三十一日寄送了更正後的版本。安永現在切換到待機模式，因為這種公文高度正式而且特別重要，它們其實不該出現錯誤。如果錯誤還是出現，不是一句簡單的「對不起」就能解決問題，雖然這在威卡很常見。

幾天後，安永再一次直接從銀行得到正式的確認，信託帳戶裡有存款。這份公文的日期是二〇二〇年三月十六和十七日，經由快遞送達，可以追溯寄件人。根據快遞的資料，這份公文直接來自銀行分行，不是從總行。但是這無法消除安永對圖倫提諾在三月二十四日寄出錯誤文件所引發的懷疑。

許多阿旭海姆的人鬆一口氣。現在新聞處員工手上終於握有證據，可以丟到糾纏不休的記者獵犬前面：一家真正銀行的確認函，直接寄給安永會計師事務所。不賴吧？

只是阿旭海姆的領導階層還沒有開派對的氣氛，特別是艾希曼。他快瘋了，一月份才從馬提亞斯手中接手監事會主席職位，現在一直要為畢馬威會計師事務所的審計師操勞。他沒有享受到「錢多事少」的好處。威卡監事會主席現在是全職工作，到四月份時工作量更是變本加厲。當他發現，畢馬威無法查出威卡出示在二〇一六年到二〇一八年年報上跟三大第三方夥伴Al Alam，Senjo和PayEasy合作的生意是否真的存在，艾希曼的心情惡劣極了（法務審計師應該仔細審核這段時期的生意）。現在逐漸明白了，這是一件無法完成的任務，也不是暫時性的問題。

問題是什麼？

審計師想查出，Al Alam 及其他第三方夥伴在二〇一六年到二〇一八年間處理的支付服務真的存在。據說威卡靠第三方夥伴每年賺進上億歐元，但是威卡沒有第三方夥伴處理的交易資料，只有第三方夥伴的帳單，但是不能證明帳單上的生意真的有進行過。畢馬威需要的資料在合作夥伴那邊，但是合作公司並不特別配合。後來畢馬威在最終報告上這樣記載。

艾希曼還是以很實際的態度面對：二〇一九年間威卡有一個改變，他想利用這個改變。從這個改變以後第三方夥伴的交易（假設它們真的存在過）不再只是經由他們自己的平台，而是額外也要儲存在威卡的國度裡，存在稱為 Elastic Engine 的雲端。這表示，從這個時刻開始，威卡也可以審閱第三方合作夥伴的交易資料。艾希曼建議，畢馬威只要稽核二〇一九年十二月的交易，因為這個時期威卡能提供所有畢馬威需要的資料。背後的邏輯是，如果這些資料沒有問題，畢馬威確定第三方的交易確實如威卡所聲稱有在二〇一九年十二月中進行，那幾乎也可以確定前幾年的資料也沒問題，所有人都可以放下心來。一個在艾希曼身邊的人說：「他有疑心，但是他一直還相信，整個困境是威卡典型的混亂造成的。」

一個參與其中的人說，他們好幾次都曾經討論過是否要停止畢馬威的稽核，先完成二〇一九年的年報。在這個時候，公司很多人相信安永會計師事務所這次也會讓他們的財務報表過關，他們認為收到相關訊號。但是艾希曼這段期間已進入警備狀態，他不願意放手一搏。他二〇一九年才進入監事會。如果查出威卡有些地方捅了大簍子，而監事會沒有做到足夠的監督，這只會在有限度的條件下才會成為他的問題。到目前為止他還沒簽署過公司的年報。在畢馬威還沒確定威卡跟三大第三方夥伴的生意是確實的，以及信託帳戶裡的錢真的在裡面之前，他也不會在年報上簽字。他身邊許多人說，艾希曼不願相信安永會計師的嗅覺，他對審計師沒有太高的評價。

但是安永的審計師也不願意在畢馬威的工作結束前替年報簽字。如果畢馬威發現什麼，他們還可以把情況考慮進去。如果沒有什麼發現，他們才可以安心簽字。

四月二十二日，公司裡一些人終於明白大概好景不再，因為財務長封克諾普要在這一天露臉，他將反駁伯朗，而且是在大眾面前。

發生了什麼事？

審計師與威卡決戰

伯朗在這一天要安撫大家。公眾，尤其是投資者，首先要繼續假設畢馬威的稽核沒有問題。伯朗在這一天發布一則新聞，公布畢馬威還要五天的時間撰寫最終報告。新聞稿上寫著，「對於威卡做假帳的公開指責，並沒有找到證據」。「在剩下的幾天裡還要彙整一些收到的數據。」所以，一切都沒有想像得嚴重。是吧？

在這個時候，公司裡有人說畢馬威已經有明確的提示，針對第三方夥伴生意的調查結果將會非常嚴重。「伯朗在新聞稿裡並沒有寫不實消息。」一位親近的人說，「但是他漏掉了特定訊息。」例如，以當前握有的資料，畢馬威很可能不會證實威卡跟三大第三方夥伴的生意是有證據可以確定無疑的。因此在畢馬威後來的最終報告上多次出現「稽核障礙」的字眼。法務審計師想藉此表達，他們無法確認威卡跟三大第三方夥伴是否真的做了生意，因為他們沒有資料可以判斷。他們也告知，他們無法確認威卡的信託帳戶裡是否真的有錢，因為他們也沒有資料。因此他們用稽核障礙的字眼。

所以封克諾普早在四月二十二日呼籲，把相關訊息納入新聞稿中，一位在場的人說。封克諾普的論點是：「馬薩雷克必須提供數據。但是如果他從過去到現在都未曾提供過，為什麼他現在會提供？」

我們必須知道，監事會在這個時候已經明白表示對調查過程不滿意。封克諾普承受很大的壓力。

伯朗的意見是，畢馬威會拿到所有欠缺的文件，所以不需要提及相關訊息。新聞稿裡沒有出現「稽核障礙」的字眼。

二〇二〇年四月二十四日，安永的夥伴達蒙再次跟那些三月在菲律賓遇到的銀行行員在線上見面。那是一個星期五晚上，銀行行員們坐在家中客廳裡。他們必須將銀行的工作證和身分證舉在相機前面，並且在拍攝的相機前寫出一份供鑑定的筆跡，據此確定他們正是審計師和威卡員工在分行見到的人。安永這邊暫時平靜，而畢馬威那邊正在上演最後一場決鬥。

二〇二〇年四月二十六日，星期天晚上六點，威卡總部一樓。馬庫斯・伯朗、公司的領導階層、顧問和律師一起坐在會議室紐約裡面。他們已經知道，根據目前的狀況畢馬威的報告會很不好看。會議室裡時不時傳出大聲咆哮，因為一個人很激動地跟其他人討論。一些威卡代表覺得自己受到畢馬威不公平的攻擊，因為審計師讓人覺得公司員工一直爽約，不合作，不提供資料。特別是因為畢馬威表示，無法證明威卡跟第三方夥伴如Al Alam等公司的生意數據是正確的。這正是整件事的意義和目的。每個人都能想見，如果明天最終報告上是這麼寫的，而這份報告會公開，威卡的股票就會一落千丈。

但是伯朗看起來有信心可以扭轉報告的基調。一位在場人士說：「他的韌性最令我著迷。無論你怎麼打擊，他都不會倒。」現在所有人都認真加一把勁，員工再一次解釋第三方夥伴的生意在技術上是如何處理的，為什麼很多資料他們沒有。他們也替自己辯護，例如他們多次取消與審計師會面的印象。實際上威卡員工延後了三次會面時間，跟畢馬威的次數一樣多。還有關於某些文件他們沒有提供正本，只提供了掃描影本的指責，他們也不想就這樣算了。畢馬威的員工自己也請求提供部分數位化的資料。「我們把那些我們認為不好的地方寫下來。」一位在場的人說。他們到凌晨四點收集了七十個論點來說服畢馬威。雖然審計師在當天必須交出報告，許多在場的人不相信能改變什麼，但伯朗還是深信不移。與會人士說，他很確定我們現在提供了所有東西，報告的結果會對威卡有利。

二〇二〇年四月二十七日星期一，從早上開始威卡的人就在辦公室等候畢馬威的判決，現在到了晚上，要跟主導這次稽核的畢馬威夥伴進行視訊會議。威卡的前財務長賴也在場，還有董事長伯朗，財務長封克諾普和馬薩雷克。史坦德連線參加會議。螢幕上威卡的代表可以看到一些報告的段落，這些段落是畢馬威在收到阿旭海姆的七十點意見後再度修改過的。憤怒的氣氛蔓延開來，因為畢馬威夥伴討論這些頁面的速度太快，在場很多人跟不上。畢馬威的代表不夠體諒，語氣也很粗魯。大家很快就明白熬夜加班於事無補。這次的與會人士請求再加上一句話，內容是：畢馬威沒有找到線索證明第三方夥伴生意的範圍沒有所聲稱的那麼大。但是畢馬威夥伴拒絕。他明確地表示：這是我們的認知，不能討價還價。「開完視訊會議後，大家都很震驚。」一位與會人士回憶道，「我們知道，這份報告一出去，一切都完了。」

畢馬威的最終報告在四月二十八日一點三十分經過一個安全的伺服器來了，只有三個人有審閱權。電子檔被發送出去，也有印刷本。

三點以後，有一陣短暫的討論，是否真的要公布這份報告。

伯朗問了一圈都得到同樣的答案：「你們一點選擇都沒有，必須發布這份報告。」

在座的一個人說：「這會對我們打擊很大，而且也會影響股票價格。但是如果不發布這份報告，情況會更糟糕。」

封克諾普說：「我們沒有機會。必須這麼做。」

第17章 「準備接受壞消息」

跌落神壇的記錄，威卡股份有限公司的瓦解就像竄起時一樣轟動

二〇二〇年四月二十八日七點五十分，威卡網頁上有新文件可以下載：「威卡股份有限公司獨立特別調查報告，慕尼黑」。著作者：畢馬威會計師事務所。

這份報告原本是要替威卡解圍，替過去幾個月所有落在公司和董事會的指責消毒，尤其要消除大家對威卡和三大第三方夥伴 Al Alam，Senjo 和 PayEasy 進行不實生意的所有疑慮。然而畢馬威的報告只更加深了這份疑慮。

畢馬威調查了將近六個月之後，並不能很肯定威卡所聲稱跟 Al Alam 等公司的生意規模是否存在。報導裡寫著「原因除了內部組織的缺點外」，還在於第三方合作夥伴「缺乏意願在特別調查過程中全面透明地配合」。

畢馬威也無法說，威卡最後在信託帳戶的十九億歐元真的存在。這項論斷有極大的影響力，因為十九億歐元幾乎相當於二〇一六、二〇一七年和二〇一八年稅前盈餘的兩倍。

而且畢馬威也讓大家懷疑起信託管理人的可信度。威卡既沒有信託公司的年報，也沒有他們的經濟情況以及可靠性的證明。

唯一一個希望是，二〇一九年有一項改變，第三方夥伴的金融交易從此也透過威卡的系統，畢馬威可以拿到二〇一九年十二月第三方夥伴交易的資料。而畢馬威在這裡確認，沒有「理由懷疑二〇一九年十二月資料的真實性」。但是調查還沒有結束。

投資人立即做了反應，威卡的股價在一天內下跌了將近百分之三十。兩個重量級基金公司Union和Deka的經理幾天後要求有人要為此負責。

破產前夕搶了銀行一筆

這份報告不僅對威卡不利，它也揭露，安永會計師事務所過去幾年在稽核上對威卡有多友善。安永允許威卡將合作公司以及威卡介紹的客戶的所有營業額全部計算在威卡自己的收入下，雖然威卡只會拿到整體營業額中的一部分為酬庸，而且這些生意多年來不是透過威卡進行的。用最簡單的方式來比喻，就像一個大眾汽車公司的煞車供應商可以把大眾公司的全部營業額當成自己的營業額，只因為它供應煞車，而大眾沒有煞車就賣不了車。安永幫助伯朗，讓公司看起來比實際上更大更成功。

安永也允許威卡把信託帳戶的存款出示為支付工具或是等同支付工具。在這個範疇底下，公司原本只能出示短期能運用的金融工具，而股東能在上面看到公司是否有錢可資運用。雖然信託帳戶並不是傳統的業務帳戶，但是威卡可以將信託帳戶上的十九億歐元出示為支付工具或是等同物。威卡其實不能全然自由運用裡面的錢，就算錢在裡面也不能。

信託結構幫助威卡傳達一個印象，讓大家覺得威卡很可靠，因為它有很多現金。但是情況恰恰相反：二〇一八年年底威卡出示能快速動用的金融工具，包括定存和類似的工具有二十九億歐元。第一眼看起來公司在錢坑裡游泳，但是二十九億中必須扣除十七億，因為它們屬於客戶，威卡不能用來付自己的帳單。除掉信託的十幾億，剩下能立即運用的（所謂的支付工具或是等同物）不到兩億，要用來支付目前的帳單。對於幾十億的集團來說，這筆錢微不足道。實際上威卡的現金流不高，而是靠借貸維生。二〇一〇年年底銀行貸款達兩千兩百萬歐元，破產的時候貸款高達近十八億歐元，再加上發行的十四億歐元的債券。

這些錢的一大部分是威卡在破產前的幾個月才跟銀行拿的。二〇一九年十月九日，威卡欠它的主要銀行「單單」八億歐元，但是銀行同意給威卡總共十七億五千萬歐元的貸款底線。這表示，董事長可以隨時把銀行債務提高到這個額度。但是他為什麼要這麼做呢？威卡官方帳本上滿滿是錢，眼前也沒有昂貴的收購計畫，但是在破產前夕銀行還是被搶了一筆。一月到四月間，銀行一共有八億歐元流進威卡的戶頭。

伯朗不再受監事會信任

二〇二〇年四月二十八日九點半，董事長伯朗出現在跟記者的電話會議上。他搓揉著肚子，看起來很不好。每當激動的時候，他就常常這樣，一個在這段期間常跟他接觸的人說。這個早晨聽到伯朗說話的人可能會覺得，伯朗讀的畢馬威報告跟與會其他人讀的完全不一樣。伯朗說，他還在評估中，所以「只能說一部分」。但是他能說的是，他認為他的公司絕大部分是清白的，沒有「重要的發現」。「我們的數字沒有一個受到質疑。」他看事情的角度很古怪。財務長封克諾普本來也應該參加電話會議，但是他沒有出現。公司裡說，封克諾普不願一起為伯朗的溝通策略負責。

一位知情人士說，伯朗已經正確理解畢馬威報告的內容，但是「要他站在那裡說一切都很糟糕，等於是棄械投降，這不是他做的事」。伯朗把事情表達得很正面，「因為他有把握一切都還會好轉，因為接下來的幾個星期一切都會得到澄清。至少他是這麼說的。」

監事會對畢馬威的報告感到很震驚，也對伯朗呈現報告結果的態度很震驚。勞特巴赫在跟其他監事的談話中要求立即開除伯朗，最好連帶開除其他董事，除了史坦德以外。

其他的監事也不再相信伯朗。少數監事表達讓監事會主席艾希曼暫代董事會主席的願望，但是他不願意。

伯朗也不願意自動讓出職位。監事會必須開除他。大多數監事很難做出這個決定，因為重要的投資人都繼續給伯朗撐腰，並且希望董事長留任。伯朗對一些投資人來說仍然是無法取代。到目前為止大家的態度是這樣，因為也還沒有什麼證明。相反的，有一些監事還相信一切會變好。他們的希望尤其是來自畢馬威的報告，也就是剛才引起地震的報告。艾希曼身邊的人聽說，艾希曼不斷問畢馬威的審計師：你們相信威卡在二〇一九年十二月提供的交易資料是真的嗎？你們相信這些交易真的存在嗎？畢馬威的審計師表示，他們雖然不能下最後定論，但是所有資料看起來不錯。他們讓電腦程式運轉，如果電腦發現數字有特定的模式指向詐欺就會發出警報，例如經常出現特定的數字組合。但是電腦系統沒有發出警告。

監事們把這份報告當成對伯朗的鳴槍示警。艾希曼寄送了一份問題目錄。監事們尤其想知道，董事長為何會對畢馬威的報告有如此正面的評價？為什麼他決定用這些字句？還有為什麼畢馬威在完成報告的前一天還收到重要的資料？但是沒過多久，監事們就要問自己，關於伯朗他們是否做了正確的決定。

其他董事的工作在這個時候也已搖搖欲墜。艾希曼在幾個月前就已經著手找尋可能的後繼人選，內部稱之為「影子內閣」。監事會主席只想保住伯朗，最多還有封克諾普，實際上他認為封克諾普也不夠格，他身邊很多人這麼說。產品董事史坦德只得到女監事的支持。監督人意見一致，要盡快換掉馬薩雷克。

但是目前看起來不是適當的時候，公司內部正鬧哄哄。畢馬威的調查讓德國安永會計師事務所的審計師也必須採取行動，他們展現威卡員工以前從沒見過的幹勁。安永這次不僅要看銀行給的信託帳戶確認，並再一次審核他們見過的菲律賓銀行員工的身分證明。威卡的信託管理人還應該從信託帳戶分別匯四次一億一千萬歐元到威卡帳戶做為測試。這樣可以證明戶頭不僅存在，威卡也可以動用到錢。馬薩雷克因此給信託管理人圖倫提諾相關指示。但是錢沒有來。「我們一直問圖倫提諾，」一個參與其事的人說，「他一直把責任推給銀行。一次是因為支付的指示尚未被銀行的合規部門通過，他們必須先審核是否一切按照規定。」「下一次說是中央銀行的問題。」

五月十七日，伯朗用英文在推特上公布了一個預告。翻譯過來是這樣：「等風平浪靜後，威卡還是一家會在這一年創造出息稅折舊前盈餘十億歐元的公司，一家在這個行業中成長最快速的公司。」

安永發現被愚弄

五月二十五日晚上十點十分，威卡宣布二〇一九年的年度財報在六月四日也無法公布。新訂的公布日期是六月十八日。儘管如此，這份新聞稿也有讓人安心的地方。裡面寫著，「到目前為止，所有國外的審計師基本上可以完成為集團所做的稽核工作。在已經結束的稽核工作中，沒有什麼重要發現。」因為跟三大第三方夥伴的生意營業額大部分是登記在威卡國外公司的帳下，透過這份新聞稿，大家會覺得，審計師已經確認，跟 Al Alam 及其他公司的營業額有證明憑據。內線人士也有把握，「安永會簽字證明。如果匯款測試成功，一切終將沒問題。」

五月二十八日，伯朗買了兩百五十萬歐元的威卡股票。他應該明白此舉將為他帶來很多麻煩，一個公司的董事會成員和監事不能任意交易他們任職公司的有價證券。他們是內部人士，知道的比其他股東多。在敏感時期，例如在公開年度報告前夕，他們不能交易股票。儘管如此，伯朗還是做了。「他是故意在這個時候做的，他想表示，年報還沒出來，但我還是投資。」一位知情人士如此認為。

六月二日，安永通知威卡還需要準備什麼才可以拿到簽證。威卡不僅要做匯款測試，安永還要兩家菲律賓銀行最高單位的書面證明，證明信託帳戶真的存在。因為三月底威卡信託管理人圖倫提諾提供的文件上明顯有錯誤。不久圖倫提諾又寄來了更正過的文件，整件事讓人起疑。

除此之外，審計師還需要開戶的資料，以及存款從新加坡舊的信託帳戶匯到菲律賓帳戶的收據。

安永早在幾個星期前就已經向威卡要求部分文件，威卡看起來不可能在六月十七日前達到這些要求。「但是沒有人把這些規定當真，」一位當時在暴風圈附近的人說，「我們很清楚，匯款測試必須通過，然後就能得到簽證。不管安永還需要其他什麼東西。」

六月五日，警察搜索了阿旭海姆的公司總部。在金管會提出操縱市場嫌疑的指控後，慕尼黑第一檢察署對董事們展開偵查行動。金管會表示，三月十二日以及四月二十二日針對畢馬威的調查所發布的新聞稿可能會誤導大眾，以致股價受到操縱。兩篇新聞稿可能讓人以為，畢馬威的調查結果會是正面的。

馬薩雷克在慕尼黑市中心的公寓也受到搜索。下午四點半，馬薩雷克聯絡他的熟人，公關顧問馬丁。「我的新電話，」馬薩雷克寫道，「私人的，不是公司的。」接下來幾周，這位仍在位的威卡董事和顧問透過聊天軟體 Telegram 交換消息。

二〇二〇年六月十日，一個星期三晚上，安永再度通知哪幾點必須完成才有可能得到簽證，其中包括匯款測試和畢馬威的最終報告。安永要在接下來的兩天內拿到這些文件，並解釋說這個期限是有遵守的義務。安永評估提出的文件，再決定是否要給威卡一個無保留的簽證還是有保留的簽證，或是完全不給。

安永的審計師現在發現他們被愚弄。審計師被告知，匯款測試一直還沒進行是因為新冠疫情讓菲律賓進入戒嚴狀態。但是安永現在確定菲律賓只有實施「一般的封城」，銀行照常上班。而且威卡聲稱菲律賓中央銀行限制歐元匯款的消息也證實是錯誤的。

然而安永會計師事務所現在仍然沒有採取行動。星期五「有義務遵守的」期限被取消，審計師繼續勇敢地等待一個奇蹟。

畢馬威審計師的遭遇沒有比較好。他們要求威卡解釋，為什麼在信託帳戶的對帳明細上威卡沒有被登記為經濟上的受益人？

晚上十一點二十五分，監事會主席艾希曼再度要求董事會提出文件，如果他們提不出來，就應該找出取代方案。艾希曼後來不斷重複類似的話：「我不瞭解伯朗和馬薩雷克，他們這是自毀前途。」

六月十二日晚上六點十分，公關顧問馬丁想跟馬薩雷克講電話。他寫道：「很可惜還在跟畢馬威通電話。」

六月十五日，德國金融監管人菲立克斯．胡費爾德打電話給艾希曼。他們兩個人已經認識二十六年了，當時他們替企業顧問公司 Boston Consulting 工作。十五年沒有聯絡，應艾希曼的願望而促成了這次談話。胡費爾德說過，願意努力讓威卡完全成為金融監管機構監督下的金融控股公司，這樣金融監管機構不只能審核威卡銀行，還可以審核整個企業，他希望艾希曼一起合作。艾希曼表示願意。在這個時刻兩個人還沒預料到威卡馬上會倒台。至少別人是這樣說。

一天後情形改觀。

停止不了的謊言

六月十六日，安永收到菲律賓金融機構群島銀行（BPI）的一封信，內容是，安永收到信託帳戶在銀行的餘額確認是「spurious」。spurious的意思是不是真的，偽造的，未獲授權的。

下午五點二十八分，安永告知德國金管機構他們的懷疑。

下午五點三十分，一位安永的代表打電話給艾希曼。

晚上九點二十三分，安永的員工和監事會成員開了一場電話會議。

六月十七日，另外一家菲律賓金融銀行（BDO）也通知安永，審計師從銀行那裡收到的確認是「spurious」。

中午十二點，安永的員工和威卡的董事會通電話。一位安永的員工記錄：董事會跟信託管理人圖倫提諾在交換意見。「一切都是一個大誤會。」

根據威卡員工的說詞，威卡的信託管理人圖倫提諾表示，他曾經去銀行那裡，銀行現在會寄一份文件，裡面會確認將近二十億歐元的錢在圖倫提諾管理的信託帳戶裡，匯款已經被銀行通過，錢現在就會到了。一位威卡的員工在圖倫提諾那裡，而這位員工說已經匯款了，一切都沒問題。

一位親近的人說，伯朗的態度看起來很有把握。只要匯款行動一被執行，就會產生一組匯款代碼，大家相信安永可以接受把這組代碼當成匯款證明。一位知情人士說。錢不必先到威卡的帳戶。一位董事說：「我們明天還是有希望得到沒有保留的簽證。」

六月十七日下午，外界感受不到阿旭海姆總部的紛紛擾擾。股東們不知道，銀行的確認有可能是捏造的，信託帳戶的錢也可能根本不在那裡。許多投資人將這個風雨前的寧靜詮釋為一切都沒問題的訊號，而且威卡將在六月十八日公布由安永會計師事務所的審計師通過的年度財報，尤其是當威卡宣布六月十八日要舉行記者會的時候，大家更是這麼認為。當天預定伯朗在下午兩點五分，封克諾普在兩點二十五分來報告過去一年的會計年度。

六月十五日早上到十七日晚間，威卡的股價漲了將近百分之十六到一百零四歐元五十分。

倫敦對沖基金Greenvale Capital的工作人員一片歡欣，因為威卡宣布的記者會在這裡剛好是相反的詮釋。宣告的記者會到下午才舉行真的有點不尋常，從這個情形看來，他們推斷威卡還沒有拿到簽證。投資主管艾摩利說：「我們確定，他們還沒有簽證，他們還沒有。他們還在跟審計師協商。」對沖基金因此再度大大提高了他們認為威卡會垮台的賭注。

六月十七日晚上十點十五分，安永的員工跟伯朗和其他董事通電話。監事會裡瀰漫著惶恐，因為簽證還沒下來，董事的行為應該受到「重新檢驗」。但是一切都會沒問題的希望還沒消失：一個董事解釋，根據他的感受，安永到目前為止並沒有肯定排除第二天給他們一個完全無保留的簽證，馬薩雷克想辦法儘速澄清銀行收據是偽造的嫌疑。直到早上六點，他們要決定該如何繼續。

六月十八日早上八點，法蘭克福證券交易所開市。威卡的年度報告一直還沒有公布。一般來說年報會在股市開市前公布，而不是在一天當中。但是沒有簽證，董事會不想在沒有簽證的情況下公布。

八點五十六分，馬薩雷克發訊息給他的朋友馬丁：「多美妙的早晨」。

九點零三分，馬薩雷克又在手機上打字：「我們搖擺在災難和安全過關之間。我們正在等待銀行匯錢，如果錢到了，那一切都沒問題。如果沒到，安永就會發瘋。」

十點，本來伯朗現在應該宣布威卡沒有得到簽證。但是伯朗拒絕，很多員工說。「我們再等等。」他這樣說，一直很緊張地看著手機。「他看起來像是每時每刻都在期待那個解脫的消息，期待簽證來了。」

十點十五分，一個員工跟伯朗說：「馬庫斯，我們現在必須宣布我們沒有簽證。」伯朗還想等。財務長封克諾普說了話，大意是這樣：「馬庫斯，就這樣吧。」

十點二十八分，馬薩雷克寫給馬丁：「準備聽壞消息。」

十點四十三分，炸彈爆炸了。威卡公布，安永「還沒有拿到足夠的稽核證據」來證明信託帳戶。有線索顯示，為了欺騙年報的審計師「提交出來的餘額證明是不正確的」。董事會「正全力以赴跟審計師合作繼續澄清整個情況」。

而且，「如果到六月十九日還交不出審計過的年度財報和合併財務報告，威卡股份有限公司大約二十億的貸款將被終止。」

這是給公司判的死刑。一天之內威卡的股價下跌了超過百分之六十。

十一點零八分，謊言即便到現在也還沒停止。一篇新聞稿裡針對信託帳戶宣布：「威卡公司的每個子公司一共匯了十九億歐元的保證金進入這個信託帳戶。」這個消息讓人產生一個假象，真的有過十九億歐元，並且存在威卡的戶頭裡。

十一點十八分，公關顧問馬丁問：「信託管理人欺騙我們了嗎？」馬薩雷克：「老實說，目前我真的還無法判斷。兩天前安永突然提出這個要求。」

伯朗在公司內部大約是這樣安撫員工的：「一切終將水落石出，不要擔心，我們能解決一切。」

伯朗最後一次登場拯救畢生心血

十二點零八分，馬丁問馬薩雷克：「如果明天還找不到這十九億會怎麼樣？」馬薩雷克回答：「我想，我們死定了，一件完美的經濟醜聞。」

同時間，馬薩雷克在辦公室籌畫去菲律賓的行程。他要親自跟銀行澄清信託帳戶的問題。

下午三點二十六分，馬薩雷克寫給他的朋友：「我大概要被暫時停職。」隨後監事會解除馬薩雷克的職務。他最後一次去伯朗的辦公室。

下午五點五十四分，馬薩雷克發訊息給馬丁：「很可惜我要被暫時停職了。」

下午六點，馬薩雷克離開公司園區。

下午六點十八分，威卡宣布馬薩雷克停職，詹姆士・富萊斯（James Freis）「立即上任合規董事」。他原本應該是在七月一日才要開始在威卡工作。富萊斯是美國人，到目前為止是德國證券交易所的合規主管。顯然他很瞭解他的本業。他看了一家菲律賓銀行的年度財務報表，這家銀行有威卡的信託帳戶。他知道，在這家銀行所謂的餘額證明上寫的是歐元。於是他就看這家銀行的結算表，看看二〇一九年年底這家銀行的外幣存款到底有多少。最後他發現：外幣存款太少了。

因此威卡的錢根本不可能在這家銀行。

然後是伯朗最後一次以威卡股份有限公司老闆的身分公開出現在大眾面前。他這次沒有說英語，新創公司和全球企業的語言，而是德語。這是檢察官的語言，不久檢察官就要跟在他後面調查。伯朗說：「尊敬的女士先生們」，會議室紐約的攝影機運轉中。伯朗企圖用影片來拯救他的畢生心血。

伯朗再一次穿著高領毛衣，就像賈伯斯。但是今天伯朗不是賈伯斯，不是會發光的人物，不是上師。他是馬庫斯．伯朗，失敗者，被追捕的人。他的臉色蒼白，把手指叉開放在桌上。為了拍攝這個影片訊息，他安排董事站在周圍，他們是這段談話的沉默見證人。史坦德和封克諾普看起來像因震驚而呆滯。富萊斯身穿淺棕色西裝外套，看起來像遊客，突然必須參加一場葬禮卻沒有黑色衣物。他看起來有點恍神。

伯朗介紹他的新同事富萊斯，「歡迎加入我們。」他努力想微笑，卻失敗了。

伯朗說，安永會計師事務所指出，「信託管理人或是銀行那邊為了詐欺緣故提交給審計師偽造的餘額證明。」信託管理人告知威卡，「他馬上會跟威卡信託帳戶所在的兩家銀行弄明白這件事情的來龍去脈。」而且，「現在無法排除威卡股份有限公司可能成為一宗大型詐騙案的受害者。謝謝。」這次不尋常的露面在兩分鐘二十秒後結束。

六點四十三分，馬丁請馬薩雷克周末到他家烤肉。馬薩雷克回答：「明天我要研究如何澄清事實情況以及律師的相關問題，但是周末聽起來不錯。」

六月十九日，原本威卡計畫在這一天給大家一個驚喜，一個正面的，可以讓股價上揚的驚喜。董事會長久以來就想擁有美國的銀行執照。在猶他州已經設立了一家子公司，職員也準備就緒，只差簽證過的年報就可以拿到執照。一份新聞稿已經擬好放在抽屜裡，但是沒有發布。

取而代之的驚喜是，監事會上午開會決議現在已走到最後一步：伯朗必須走人。艾希曼跟董事長聯絡，並向他解釋：「監事會收回對你的信任。」伯朗可以決定自己下台或是被開除。伯朗隨後去公關顧問的辦公室請他擬一份新聞稿：他自願下台。

這一天一位員工在咖啡間遇到伯朗，老闆給他的感覺「像是一個不說話的行屍走肉，失魂落魄」。另一個員工在走廊遇見他，「他面無表情，慘白，像幽靈般。」。伯朗跟一個女同事大概說了類似的話：「你們不要擔心，一切都會水落石出。」

上午稍晚，合規主管把伯朗從辦公室接走並護送他到公務車上。伯朗必須交出他的公司證件，他在威卡電腦系統上的登錄資料也被封鎖了。

十二點四十八分，威卡宣布：「伯朗博士今天在跟威卡股份有限公司的監事會意見一致的情況下辭去董事會成員一職，並立即生效。」他的後繼人選是進公司才十八個小時的富萊斯，他是董事會裡唯一一個沒有受到波及的人。另外兩個留下來的董事封克諾普和史坦德可以暫時留在公司內。富萊斯在同一天就搬進伯朗的辦公室。前任的東西被包在紙箱裡，放在辦公室的前廳。

伯朗留下一份不會公開的二〇一九年度營業報告。他在裡面感謝顧客和合作夥伴「對我們的信任」，感謝股東的「耐心和忠誠」。他也感謝「全球的所有員工」：「什麼讓威卡跟其他公司不一樣？威卡有傑出的抵抗力和穩固性，能應用策略和戰術聰明地解決困境。」

下午三點四十一分。伯朗即使下台了，還是對威卡深信不疑。他發推特，現在又用英文。這裡是翻譯：「威卡有優秀的員工、強而有力的生意模式、先進的技術和豐富的資源，可以創造一個美好的未來。」

董事戲劇性脫逃

六月二十日十點三十八分，馬薩雷克取消了烤肉之約。他「正在緊鑼密鼓地籌畫」，他的女朋友「今天想去山裡……希望你們不介意，我們今天先躲到別的地方去……」

六月二十一日一點二十一分，馬薩雷克發訊息給馬丁：「一定要有人為整件事負責，而我最夠資格。」

十二點三十八分，他說：「有可能我會去馬尼拉，看看那裡到底發生什麼事。檢察官可能會很緊張。」馬丁簡短問了一下：「要我一起去嗎？」馬薩雷克回答：「謝謝你！但是我不想拖你下水。」

六月二十二日兩點四十八分，威卡解釋，董事會目前認為「到目前為止信託帳戶上標明屬於威卡一共十九億歐元的存款極有可能不存在」。這樣還不夠。董事會還認為，「到目前為止對於所謂透過公司獲得的第三方生意（Third Party Acquiring）的描述不合實際狀況。公司繼續調查，這個生意是以何種方式帶給公司多大範圍的利益。」如此一來，集團站上了深淵邊緣。威卡「還繼續跟貸款銀行針對維持信貸額度以及未來生意關係，包括延長六月底即將到期的收款，進行建設性的對話」。這是新聞稿上的內容。

一位讀者特別仔細地讀了這篇新聞稿，她是博姆勒—胡瑟，慕尼黑檢察署的最高檢察官。她熬夜等待這則消息。胡瑟負責經濟犯罪，曾經參與西門子賄款醜聞的調查。她工作一整夜，七點抵達辦公室，申請對伯朗的拘捕令。檢察官認為他「利用跟第三方公司獲取的生意假造收入，誇大威卡股份有限公司結算表上的金額和營業額的數量，藉以讓公司的財務看起來雄厚，對投資人和客戶更具吸引力」。嫌疑：操縱市場。同時也對馬薩雷克申請了逮捕令。

十一點，馬薩雷克在寄給朋友馬丁的訊息中，對伯朗寫了比較關心的話：「馬庫斯還繼續勇敢地奮戰。我只希望不是無謂的掙扎。」

十二點十分，過去鬥得不可開交的兩個男人，現在經由簡訊有了聯繫。佛萊思·裴林，他曾經在二〇一六年用 Zatarra 報告讓威卡備感壓力，現在跟馬薩雷卡聯絡，並問他是否「已經在跑路」或者「還在打包行李」？他叮嚀，「別忘了護照。」馬薩雷克回答：「我怕要讓你失望了。我沒有這樣的計畫。」而且，「我希望我們能見一次面，某一天。」裴林回答：「我沒有恨意。」如果馬薩雷克需要幫助就告訴他。馬薩雷克寫道：「感謝你的善意，期待有一天跟你一起喝杯咖啡。」

十二點五十一分，馬薩雷克發簡訊給馬丁，「還要過幾天他們才能在馬尼拉拘捕我。我再從馬尼拉的監獄寄一張自拍照給你。」馬丁問他是否已經走了，馬薩雷克回答「是」。

十二點五十三分，「馬庫斯像誦經般不斷重複他很震驚。」馬丁寫道。馬薩雷克回答：「如果他不震驚，那就不妙了。」

下午四點四十九分，威卡宣布監事馬薩雷克的「職務立即解除。他的聘用合約也特別解約」。他之前本來只是暫時休假，因為大家希望馬薩雷克也許能拿到證明澄清一切。

安永跟威卡在新加坡的前信託管理人聯絡，並請他再一次確認他於二〇一八年十二月三十一日對信託帳戶餘額的確認。

晚上，馬庫斯．伯朗向慕尼黑檢察機關投案。檢察官胡瑟陪他去警察總局，當晚伯朗在那裡過夜。

六月二十三日早上，伯朗被帶到一位調查法官那裡，他交了五百萬歐元的保證金獲釋，但是調查期間每個星期必須跟警察報到。

一位名叫揚．馬薩雷克的男子在同一天入境菲律賓。至少入境管理局的官員登記有這份資料。

德國時間下午兩點十分，馬尼拉當地時間晚上八點十分，他寄了一則訊息給馬丁：「午安，夕陽下傳來的問候！」看起來他是在菲律賓，現在要開始查明狀況。入境後隔離兩周？「我的旅行社不用。」

六月二十四日，根據入境管理局的資料，馬薩雷克從宿霧離開菲律賓，據說繼續飛往中國。他發訊息給朋友馬丁：「目前的計畫是我周末會回來，並且跟檢察官碰面。」也就是慕尼黑檢察官。馬丁問：「錢在那裡嗎？」馬薩雷克回答：「絕對不在菲律賓。」馬丁表示很擔心他，他回答：「我在這裡沒事。緊急的時候，我就像飛進來的時候一樣飛出去。」

安永收到威卡在新加坡的前信託管理人的電子郵件。他寫道：「請您查悉，我們沒有持有相關的存款，也從來沒有確認我們曾經持有這樣的存款。我們最後一次為威卡提供信託服務是二〇一七年三月。」

六月二十五日一點二十四分，馬丁寫道：「我一點也不相信你私吞了這筆錢。」馬薩雷克的反應：「我現在幾乎很失望，你不相信我會做這樣的事。」眨眼睛的笑臉。

十點二十七分，威卡宣布，董事會決定向慕尼黑法院提出進行破產程序的申請，「因為無支付能力並且超額負債」。

破產管理人亞飛看到的數字慘不忍睹：債務高達三十二億歐元。可以變現的東西估計有四億兩千八百萬歐元，償付能力的缺口是百分之九十九點一七。

股票完全跌入谷底，價值剩下不到兩歐元。

下午四點三十一分，馬薩雷克寫信給馬丁：「明天要回去還是留在這裡跟朋友在一起，我還沒有決定。」

六月二十六日十一點零二分，德國方面猜測馬薩雷克在中國。馬薩雷克跟他在德國的朋友說，他有「多本護照」，「就像每個優秀的情報員一樣」。「我也曾經因此修飾一下我的照片。」他正在做什麼？「數鈔票。」

六月二十九日十點二十二分，馬丁問馬薩雷克是否藏匿起來了。「還沒有，」馬薩雷克回答，「但是我誠摯邀請你來沙灘喝杯酒。」

六月三十日下午五點十二分，馬丁問了好幾次：「你躲起來了嗎？」馬薩雷克回答：

「類似。」這是他回答的最後一則訊息，之後結束了跟他朋友的聊天室。

晚上七點十二分，威卡解釋，監事會「今天特別解除伯朗博士的聘用合約，並且立即生效」。此聲明讓伯朗自行下台的行動被更名為炒魷魚。

七月四日，菲律賓法務部長梅納多．格瓦拉（Menardo Guevarra）公布，境管局關於馬薩雷克入境的記錄是偽造的。

馬薩雷克到底躲藏在哪裡？大家猜測：中國，俄國，模里西斯？

誰是犯案人？誰是受害者？

七月六日，威卡在杜拜的代理人貝倫豪斯向慕尼黑檢察機關投案。剛開始調查威卡醜聞的時候他並不是很配合，檢察官覺得他在兜圈子。他被拘捕，關進慕尼黑史塔德海姆監獄待審。他在那裡考慮了整件事情。大約一個多星期以後他成為主要證人，他全盤托出，而且毫無保留。內幕如湧泉般從他口中源源而出。貝倫豪斯跟調查人員描述了一個牽涉極廣的詐欺案：他跟伯朗、馬薩雷克、前財務長賴以及一個高階的會計決定，在二〇一五年將威卡財務報表的金額用虛構的第三方夥伴生意收入加以灌水。「公司的財務要看起來更雄厚，對投資人和客戶更有吸引力，以便能定期從銀行或是其他的投資人那裡取得貸款。」檢察官解釋。

雖然曾經有真的生意成交，但是威卡公布的數字跟這些生意沒有太大關係。貝倫豪斯跟調查人員說，他幫助馬薩雷克竄改數字，讓稽核人員相信真的有這些生意。貝倫豪斯美化了兩億筆數據，將威卡舊的交易數據跟新的數據綑綁在一起。在美化數字方面，據他的說法他還有一個幫手：埃多．庫尼亞萬，威卡在新加坡的前財務主管。

七月二十二日，伯朗再度在慕尼黑被捕，他被關進奧古斯堡附近加布林根監獄待審。同一天威卡的會計和前財務長賴也被逮捕。檢察機關說：「歸咎於被告的情事範圍必須大大地擴大。」這裡主要是依據主要證人貝倫豪斯的證詞。檢察機關推測，「事實上，被告最晚從二〇一五年年底起就清楚，威卡集團的實際生意總體來說是虧損的。」調查人員懷疑，因此他們虛構第三方夥伴的生意收入，最後「用偽造的年度財報欺騙」銀行和投資者。

調查人員現在把重點放在新加坡，他們想經由當地機關的協助得到帳戶明細表來澄清一個問題，信託帳戶二〇一九年還在一個新加坡銀行時是不是已經空了，以及是否曾經有錢匯到這個戶頭裡。二〇二〇年九月一共有七個檢察官和巴伐利亞邦不當資產討回協調中心的兩個員工，一起在慕尼黑檢察署處理威卡案件。他們不僅要求新加坡的同事給予行政協助，菲律賓的調查機關也主動宣布要幫忙。

檢察官指控伯朗和其他被告的可能犯罪行為情節重大：職業上的合夥詐欺，侵占，不實陳述和操縱市場。

伯朗的律師堅決否認一切指控，他們很仔細閱讀貝倫豪斯的審訊記錄。貝倫豪斯告訴調查人員的資料真的很多，他所說的都是真的嗎？

事實有可能完全不一樣嗎？誰是犯案人，誰是受害人？檢察官必須公開朝所有的方向偵查。

值得注意的是調查人員對伯朗的角色和地位的描述：「偵訊過程中，大家聽到的是一個階級嚴格的系統，有強烈的袍澤精神以及對身為領導人董事長的效忠誓言。」

後記

一個十七年來一直指出威卡有問題的人，在被嘲笑和威脅後，最後被視為有理，他的感覺是什麼樣？

威卡獵人「吉嘎吉格」說，現在情緒很複雜。當安永的審計師拒絕給威卡簽證時，他的手機震動。這位社工人員正在工作，跟他的問題小孩在一起。他讓小孩玩樂高，他問同事是否可以出去幾分鐘。可以。一位並肩作戰的朋友寄給他一個威卡股票大跌的螢幕截圖：「我馬上起了一身雞皮疙瘩，那是無可言喻的喜悅。」他現在收到別人的祝賀，也包括那些以前說他是瘋子的人。「這當然算是一種勝利」，但卻是一個痛苦的勝利。威卡對他來說「像一種毒品」，對他和他的家人造成負面影響。「我的故事其實是個非常悲傷的故事，」吉嘎吉格說，「因為我最後有理。但是我既沒有得到財務上，也沒有得到精神上的報酬來彌補我的損失。」

＊＊＊

股市投機者伯斯勒曾經因為跟威卡的衝突被送進監獄，當他聽到威卡破產時，他躺到床上。「我哭了一個小時。」他說。他展示手機上的一部影片，他把他的電腦螢幕錄起來，螢幕上顯示威卡破產的消息，還配合播放了筆電裡的音樂，里奧・瑞塞爾（Rio Reiser）的歌：「結束了，再見，六月的月亮。」他希望現在能結束這個篇章。他很好，現在能坦誠敘說這段威卡歷史。最近他把六歲大的兒子拉到一邊，跟他說：「我必須跟你說一件事：你爸爸曾經坐過牢。」

＊＊＊

二〇二〇年九月三日慕尼黑的檢察署中止了對《金融時報》記者麥克倫和他的同事帕爾瑪的偵查程序，「因為根據現有消息，被告發表的文章並沒有錯誤或是誤導之嫌。」巴伐利亞法務部公布。

＊＊＊

法蘭克福，二〇二〇年九月中一個星期二早晨，胡費爾德在聯邦金管局六樓辦公室旁邊的會議室接見我們。他有著魁梧身材和友善的臉龐，請大家在會議桌旁坐下，他把西裝外套遺忘在某處。他坐下來，謹慎地將礦泉水和蘋果汁倒入玻璃杯裡。蘋果汁要比水多，這樣碳酸氣泡才會慢慢上升。

這幾個星期是他職涯的關鍵，聯邦議會的反對黨要他為威卡這個案件負責，要求把他踢出去。他成了二〇二一年聯邦選戰的皮球。他的老闆，聯邦財務部長歐拉夫・蕭茲（Olaf Scholz）想成為德國總理。

胡費爾德是六月二十五日在波昂辦公室工作時得知威卡破產，金管局在波昂有第二個辦事處。他一直都還很震驚。「我摸不著頭緒，威卡的年報如何能十年來都獲得審計師毫無保留的簽字證明。真是令我費解，尤其是看到威卡管理上的問題。」他說：「至於金管局，它正確地遵守技術程序，並且調查了對威卡的指控，而且是早在審計師還認為威卡的財務報表沒問題的時候。」

然而金管局在這個案件上同樣也沒有發揮作用，胡費爾德知道這點。金管局也許遵守了法條的規定，但是沒有認清整個事件的嚴重性。諺語「見樹不見林」正適用這個金融機關，它也許關心每棵單一的樹，但是沒看見整片森林。「我是監督人，如果可以，我會盡全力阻止這樣的事發生。但是所有參與的人都沒有足夠的效率去阻止這件事。這是事實。」胡費爾德說。

***

破產管理人亞飛在這段期間內已向慕尼黑法院提出他的評鑑，這份評鑑是展開破產程序的憑據。實際上這份評鑑讓人驚愕。亞飛已經處理過基爾希集團（Kirch Gruppe）和投資公司P&R的破產案件，他在報告開端就寫道，「這個程序從任何角度來說都非比尋常」。這個說法還很含蓄。

威卡跟一個正常的DAX指數集團沒有很多共同點。公司的組織結構？「完全不透明」，亞飛寫道。員工和部門的權責在他看來，「有意或是無意，任其任意分布在全世界」。

全體員工的氣氛低迷，職員因為突如其來的破產「驚愕不知所措」。留下來的董事申請人身保護，他們收到威脅。個別的董事拒絕進入窗戶開著的房間，他們害怕有人攻擊。

破產管理人正在出售威卡的個別部分，也留意威卡經理和職員對破產該負的責任。留職的員工得到指示不得刪除數據，所有碎紙機被移走，「避免紙本文件隨意被銷毀」。亞飛保存了兩百萬GB的資料，「無法想像的資料量。資料轉換出來印在紙張上，大約有一兆張A4紙，重達四百萬噸。」

到處瀰漫著不信任。還有憤怒。

＊＊＊

「我被當作工具使用。他們濫用我，糟蹋我的名聲，我是個笨蛋。」一位前高階經理抱怨，並說了威卡領導階層常說的一句話：「我只是一直聽命行事。」

二〇二〇年六月三十日，威卡有六千三百四十三名員工。

一些人說，有的同事在街上受到辱罵，因為他們的袋子上有威卡的商標。路人還向他們比中指。

破產管理人已經解雇很多職員，職員覺得解雇信寫得很冷漠，沒有針對個別職員而有差別。威卡在破產前還大量雇用員工，部分員工還是剛從其他國家搬到德國，並且要在七月一日開始上班。「他們又被打發走了。」一名威卡員工說。

另外一個經理說：「我覺得我實在太天真，太笨。我在這裡工作十五年，卻什麼也沒發現。」他還有一個上面有威卡商標的運動袋子，是公司辦跑步比賽時做的，當時威卡還是一個團隊，像一個大家庭。袋子上面寫著：「We run the system」，我們讓系統運作。這個系統已經被破壞了。他現在考慮把東西丟掉。

破產後，威卡股份有限公司在阿旭海姆愛因斯坦環狀道路三十五號園區的大門上貼了一張紙，有個人把這張紙貼在「威卡」的門牌上。一張Ａ４紙，手寫的字跡，上面寫著「Game over」。

來源出處

序曲

»Weitere Festnahmen in Sachen Wirecard, Ausweitung der Ermittlungen auf gewerbsmäßigen Bandenbetrug über ca. 3,2 Mrd. Euro«, Staatsanwaltschaft München I, 22. Juli 2020: https://www.justiz.bayern.de/gerichte-undbehoerden/staatsanwaltschaft/muenchen-1/presse/2020/5.php.

第 1 章

»›Hustler‹-Party«, BZ, 11. November 2000: https://www.bz-berlin.de/artikel-archiv/hustler-party.

»Wertpapierprospekt der Wire Card AG vom 21. Oktober 2005«, Wire Card AG, 21. Oktober 2005.

»Ende eines Pioniers«, Die WELT, 26. Juli 2016: https://www.welt.de/print/welt_kompakt/webwelt/article157297375/Ende-eines-Pioniers.html.

»Brauchen Sie schnell eine Million?«, Süddeutsche Zeitung, 14. April 2000.

»Yahoo wird Tempo nicht halten können«, Börsen-Zeitung, Nummer 8, 13. Januar 2000.

»Callino: Internet ab 3,5 Pfennig«, Martin Fiutak, ZDNet, 27. März 2000: https://www.zdnet.de/2051147/callino-internet-ab-3-5-pfennig/.

»HRB 122026«, Handelsregisterauszug EPM AG Entertainment Print Media, Amtsgericht München.

»Neuanmeldung Firma ›EPM AG Entertainment Print Media mit dem Sitz in 85399 Hallbergmoos‹«, Amtsgericht München - Registergericht, 11. September 1998.

»Kostenrechnung (11) für die Eintragung Nr.«, Amtsgericht München - Registergericht, 17. November 1998.

»Unternehmensbericht vom 5. Juni 2003«, InfoGenie Europe AG, 5. Juni 2003.

»Lizenzvertrag zwischen ebs Electronic Billing Systems AG, Lilienthalstrasse 5, 85399 Hallbergmoos - nachfolgend ›ebs AG‹ genannt - und Crosskirk SrL, C. Son Rapinya 2, 10A; 07013 Palma de Mallorca; Spanien - nachfolgend ›Crosskirk‹ genannt -«, 18. März 2002.

»Kostenfalle Internet«, stern TV, 28. März 2001: https://web.archive.org/web/20010413174216/http://www.stern.de/sterntv/archiv/2001/04/05/kostenfalle-internet.html.

»Geschäftsbericht EBS Holding 2001«, EBS Holding AG, 2002.

»PayPal Inc.«, United States Securities and Exchange Commission, 1. März 2002:

https://www.sec.gov/Archives/edgar/data/1103415/000091205702009834/a2073071z10-k405.htm.
»Bericht über die Prüfung des Jahresabschlusses zum 31. Dezember 1999 und des Lageberichtes für das Geschäftsjahr 1999«, Camarades AG, 24. März 2000.

第 2 章

»Wertpapierprospekt der Wire Card AG vom 21. Oktober 2005«, Wire Card AG, 21. Oktober 2005.
»Erfolgreicher Abschluss der zweiten Finanzierungsrunde fuer die Wire Card AG/Weitere namhafte Investoren steigen bei der Wire Card AG ein«, eNews-Archiv, 21. Oktober 2000.
»Bibliografische Daten: DE10008280 (C1)«, Europäisches Patentamt, 13. Juni 2001: https://worldwide.espacenet.com/publicationDetails/biblio?II=0&ND=3&adjacent=true&locale=en_EP&FT=D&date=20010613&CC=DE&NR=10008280C1&KC=C1#.
»Satzung Wire Card AG«, Wire Card AG, 2. Februar 2000.
»Handel und Einkauf via Handy«, pressetext, 4. Februar 2000: https://www.pressetext.com/news/handel-und-einkauf-via-handy.html.
»Willkommen bei Wire Card«, Wire Card AG, Präsentation Cebit, 2001.
»Financial Supply Chain Solutions«, Wire Card AG, Präsentation, o. J.

第 3 章

»Wertpapierprospekt der Wire Card AG vom 21. Oktober 2005«, Wire Card AG, 21. Oktober 2005.
»Notice of Special Meeting of Shareholders and Management Information Circular of Surefire Commerce Inc. «, surefire Commerce, 21. Februar 2003.
»Strafanzeige wegen Verdacht auf Konkursbetrug und Konkursverschleppung«, Detlev Hoppenrath, 15. Januar 2002.
»Tränen in der Oper«, Der SPIEGEL, 7. Dezember 2019.
»Merge der ebs Electronic Billing Systems AG und Wire Card AG perfekt«, Pressemitteilung ebs Billing Systems AG, 21. Januar 2002.
»Konzernbilanz nach IAS/IFRS zum 31. Dezember 2003«, ebs Holding AG, April 2004.
»Konzernanlagebericht der ebs Holding Gruppe für das Geschäftsjahr 2003«, Anlage VI, ebs Holding AG, April 2004.
»Trading on AIM«, NEteller PLC, investegate, 14. April 2004: https://www.investegate.co.uk/neteller-plc--pays-/rns/trading-on-aim/200404140914265893X/.
»FORM S-1 Registration Statement under the Securities Act of 1933 - PayPal, Inc. «, Securities and Exchange Commission, 12. Juni 2002: https://www.sec.gov/Archives/edgar/data/1103415/000091205702023923/a2082068zs-1.htm.
»Placing of 17,500,00 Ordinary Shares of 0.01p each of the Company at a price

of 200p per share and Admission to trading on the Alternative Investment Market«, NETeller plc, 8. April 2004.
»eGaming Report«, Christiansen Capital Advisors LLC, 3. Juni 2005.
»House Rejects Internet Gambling Prohibition Act«, Tech Law Journal, 18. Juli 2000: http://www.techlawjournal.com/crime/20000718.htm.

第 4 章

»Liste der Gesellschafter der ebs Holding GmbH mit Sitz in Grasbrunn - Amtsgericht München«, ebs Holding AG, 9. November 2005.
»Konzerngeschäftsbericht 2006«, 10Tacle Studios AG, April 2007.
»Börsennotierte Berliner Unternehmen haben die Insolvenzgefahr überwunden - Anleger brauchen aber noch Geduld«, Berliner Morgenpost, Jg. 106, Nr. 215, 8. August 2004.
»HV-Bericht Patrio Plus AG«, Patrio Plus AG, 25. August 2007: http://www.gsc-research.de/index.php?tx_mfcgsc_unternehmen%5Buid%5D=3351&tx_ttnews%5Btt_news%5D=62919&cHash=80bc2ff5af&type=98.
»Wire Card AG Geschäftsbericht 2005«, Wire Card AG, April 2006.
»Geschäftsbericht 2002«, InfoGenie Europe AG, April 2003.
»Börsengang der Wire Card AG«, PresseBox, 15. Dezember 2004: https://www.pressebox.de/inaktiv/wirecard-ag-aschheim/Boersengang-der-Wire-Card-AG/boxid/28593.
»Wire Card AG Geschäftsbericht 2006«, Wire Card AG, April 2007.pdf.
»Bericht über die Prüfung des Jahresabschlusses zum 31. Dezember 2004 und des Lageberichts für das Geschäftsjahr 2004 der Firma ebs Holding AG Grasbrunn bei München«, Control5H GmbH, 2005.
»Geschäftsbericht 2004«, Wire Card AG, April 2005.
»eGaming Report«, Christiansen Capital Advisors LLC, 3. Juni 2005.
»PartyGaming Annual Report 2005«, PartyGaming, 2006.
»CLICK2PAY by yellowworld‹ ermöglicht Online-Zahlungen bei Schweizer Ringier Verlag«, Pressemitteilung Wire Card AG, 18. Juli 2005: https://web.archive.org/web/20060716212846/http://www.wirecard.de/pressrelease.html.
»Wire Card gewinnt ProMarkt als Kunden für Online Zahlungssysteme«, Pressemitteilung Wire Card AG, 24. Mai 2005: https://web.archive.org/web/20060716212846/http://www.wirecard.de/pressrelease.html.
»Die Internationale Tourismus-Börse ITB, 11. - 15. März 2005 in Berlin«, Pressemitteilung Wire Card AG: https://web.archive.org/web/20060716212846/http://www.wirecard.de/pressrelease.html.
»Wertpapierprospekt der Wire Card AG vom 21. Oktober 2005«, Wire Card AG, 21. Oktober 2005.

第 5 章

»Wertpapierprospekt der Wire Card AG vom 21. Oktober 2005«, Wire Card AG,

21. Oktober 2005.
»Die Kraft der Konvergenz - Geschäftsbericht 2012«, Wirecard AG, 17. April 2013.
»Grenzen überwinden - Geschäftsbericht 2013«, Wirecard AG, 9. April 2014.
»Wirecard AG in den TecDAX aufgenommen«, Handelsblatt, 06. Juni 2006: https://ircenter.handelsblatt.com/websites/ircenter_handelsblatt10/German/9020/news.html?newsID=35785&companyDirectoryName=wirecard.
»NETELLER - Investor Relations«, waybackmachine, 18. Juli 2006: https://web.archive.org/web/20060718121703/http://investors.neteller.com/neteller/.
»Ordentliche Hauptversammlung der Wirecard AG am 24.06.2008«, Protokoll zur Hauptversammlung, Wirecard AG, Juni 2008.
»U.S. Charges two Founders of Payment Services Company with Laundering Billions of Dollars of Internet Gambling Proceeds«, United States Attorney Southern District of New York, 16. Januar 2007.
»Merger Involving Surefire Commerce Inc. And EBS Electronic Billing Systems AG«, Surefire Commerce, 21. Februar 2003.
»What really matters«, SES Research GmbH, Jochen Reichert, 1. Juli 2008.
»Final Results - Part II. «, NETeller PLC, 11. März 2008: https://www.investegate.co.uk/neteller-plc--pays-/rns/final-results---part-ii-/200803110701557893P/.
»Online-Glücksspiel liegt in Trümmern«, Börsen-Zeitung, Nr. 190, 4. Oktober 2006.
»Wire Card AG Geschäftsbericht 2006«, Wire Card AG, April 2007.
»Schneider Versand entscheidet sich für Wirecard«, Wirecard AG, Presseportal, 14. März 2007: https://www.presseportal.de/pm/15202/955185.
»Mit Wirecard einfach, sicher und schnell bei Dell bezahlen«, Wirecard AG, Presseportal, 9. November 2007: https://www.presseportal.de/pm/15202/1080954.
»Wirecard - Zu Risiken und Nebenwirkungen…«, Wallstreet Online, 12. Mai 2016: https://www.wallstreet-online.de/diskussion/1231671-621-630/wirecard-risiken-nebenwirkungen. United States District Court, Southern District of New York v. Pokerstars et al., 14. April 2011.
»Jahresabschluss zum 31. Dezember 2006«, Wirecard AG, 2. Januar 2008, Bundesanzeiger.
»Jahresabschluss zum 31.12.2007«, Wirecard AG, 9. Juni 2008, Bundesanzeiger.
»Jahresabschluss zum Geschäftsjahr vom 01.01.2008 bis zum 31.12.2008«, Wirecard AG, 25. Mai 2009, Bundesanzeiger.
»Jahresabschluss zum Geschäftsjahr vom 01.01.2009 bis zum 31.12.2009«, Wirecard AG, 5. Mai 2010, Bundesanzeiger.
»Jahresfinanzbericht zum 31.12.2010«, Wirecard AG, 17. Mai 2011, Bundesanzeiger.
»VISA Merchant Category Classification (MCC) Codes Directory«, United States Department of Agriculture, o. D.: https://www.dm.usda.gov/procurement/

card/card_x/mcc.pdf.
»Certificate of Incorporation of a Private Limited Company - Company No. 5113872«, Companies House, 27. April 2004.
»Special Report: How a British town became a hub for online porn and poker«, Alasdair Pal, Himanshu Ojha, Reuters, 23. November 2016.
»Man accused of laundering online poker winnings sentenced to time served, rewarded for cooperation«, Aisling Swift, 8. November 2010: http://archive.naplesnews.com/news/crime/man-accused-of-laundering-online-poker-winnings-sentenced-to-time-served-rewarded-forcooperation-ep-343152252.html/.
»Wirecard ›link to cash laundering‹«, James Hurley, The Times, 1. Juli 2020: https://www.thetimes.co.uk/article/wirecard-link-to-cash-laundering-lbpjz573r.

第6章

»Wire Card AG: Weitere Gewinn- und Margensteigerung angestrebt; Auch langfristig 30 Prozent Wachstum pro Jahr«, ots, Forum Börse Online, 29. August 2005: https://forum.boerse-online.de/forum/thread?thread_id=219463&page=0.
»Innovation gestalten - Geschäftsbericht 2007«, Wirecard AG, April 2008.
»Ordentliche Hauptversammlung Wirecard AG am 24.06.2008«, Protokoll zur Hauptversammlung, Wirecard AG, Juni 2008.
»Die Wirecard-Bilanz ist irreführend«, boerse.ARD.de, 27. Juni 2008.
»Jahresabschluss zum 31. Dezember 2006«, Wirecard AG, 2. Januar 2008: https://www.bundesanzeiger.de/pub/de/suchergebnis?9.
»Wirecard - Top oder Flop«, memyselfandi007, Wallstreet Online, 1. Mai 2008: https://www.wallstreet-online.de/diskussion/1140904-1-10/wirecard-top-oder-flop.
»Ordentliche Hauptversammlung - 24. Juni 2008«, Wirecard AG, 2008: http://docplayer.org/13319545-Ordentliche-hauptversammlung-24-juni-2008.html.
»Handelsregister Neueintragungen vom 25.04.2007«, ARENA Box-Promotion AG, Handelsregister: https://www.online-handelsregister.de/handelsregisterauszug/hh/Hamburg/HRB/100804/ARENA-Box-Promotion-AG.
»Wirecard AG gibt Wechsel im Aufsichtsrat bekannt«, Wirecard AG, 10. Dezember 2009: https://www.dgap.de/dgap/News/corporate/wirecard-gibt-wechsel-aufsichtsrat-bekannt/?newsID=610278.
»Chronik einer Schlammschlacht«, Euro am Sonntag, Archivbericht, Ausgabe 20/08, 27. Juli 2008: https://www.finanzen.net/eurams/bericht/chronik-einer-schlammschlacht-1296160.
»Wirecard AG: Pressemitteilung des Vorstands und des Aufsichtsrats der Wirecard AG zum Verhalten der SdK und ihrer Vorstände«, Wirecard AG, 18. Juli 2008: https://www.dgap.de/dgap/News/corporate/wirecard-pressemitteilung-des-vorstands-und-des-aufsichtsrats-der-wirecard-zumverhalten-der-sdk-und-ihrer-vorstaende/?newsID=259769.

»Wirecard wirft Anlegerschützern Manipulation vor«, Die WELT, 19. Juli 2008: https://www.welt.de/welt_print/article2228658/Wirecard-wirft-Anlegerschuetzern-Manipulation-vor.html.
»Razzia bei umstrittenen Aktionärsschützern«, Die WELT, 29. Juli 2008: https://www.welt.de/finanzen/article2259284/Razzia-bei-umstrittenen-Aktionaersschuetzern.html.
»Wirecard AG Bilanz 2007: Positives Fazit der Sonderuntersuchung gem. § 111 Abs. 2 Satz 2 AktG durch Ernst & Young«, Wirecard AG, 8. Oktober 2008.
»Wirecard AG beabsichtigt eine der großen vier internationalen Wirtschaftsprüfungsgesellschaften mit einer gutachterlichen Stellungnahme zu beauftragen«, Wirecard AG, 21. Juli 2008.
»Neue Perspektiven - Geschäftsbericht 2008«, Wirecard AG, April 2009.
»Stiftung Warentest setzt bei der Abwicklung von Kreditkartenzahlungen auf Lösungen der Wirecard AG«, Wirecard AG, 3. November 2008, Presseportal: https://www.presseportal.de/pm/15202/1293641.
»Wirecard AG gewinnt mit Malaysia Airlines weiteren asiatischen Kunden«, Wirecard AG, 1. Dezember 2008, pressebox: https://www.pressebox.de/inaktiv/wirecard-ag-aschheim/Wirecard-AG-gewinnt-mit-Malaysia-Airlines-weiteren-asiatischen-Kunden/boxid/222648.
»Wirecard AG übernimmt Abwicklung von Kreditkartenzahlungen im neuen Lidl-Online-Shop«, Wirecard AG, 8. Dezember 2008, pressebox: https://www.pressebox.de/inaktiv/wirecard-ag-aschheim/Wirecard-AGuebernimmt-Abwicklung-von-Kreditkartenzahlungen-im-neuen-Lidl-Online-Shop/boxid/224179.
»Die Dynamik des Digitalen - Geschäftsbericht 2010«, Wirecard AG, April 2011.

第7章

»Wirecard AG zieht erfolgreiche Bilanz«, Wirecard AG, 17. April 2012: https://www.dgap.de/dgap/News/corporate/wirecard-zieht-erfolgreiche-bilanz/?newsID=712590.
»Wirecard AG schließt Hauptversammlung 2011 erfolgreich ab«, Wirecard AG, 22. Juni 2011: https://www.dgap.de/dgap/News/corporate/wirecard-schliesst-hauptversammlung-erfolgreich-ab/?newsID=678250.
»Am Puls der Zukunft - Geschäftsbericht 2011«, Wirecard AG, 17. April 2012.
»Intelligente Synergien - Geschäftsbericht 2009«, Wirecard AG, 15. April 2010.
»Die Dynamik des Digitalen - Geschäftsbericht 2010«, Wirecard AG, 14. April 2011.
»Jahresabschluss Einzelgesellschaft 31. Dezember 2011«, Wirecard AG, 16. April 2012, Bundesanzeiger.
»Die Kraft der Konvergenz - Geschäftsbericht 2012«, Wirecard AG, 17. April 2013.
»Grenzen überwinden - Geschäftsbericht 2013«, Wirecard AG, 8. April 2014.

»Agil sein - Werte schaffen - Geschäftsbericht 2014«, Wirecard AG, 7. April 2015.
»Jahresabschluss Einzelgesellschaft 31. Dezember 2015«, Wirecard AG, 8. April 2016, https://ir.wirecard.com/download/companies/wirecard/Hauptversammlung/JA_2015_WD_AG_HGB.pdf.
»Connected Commerce - Geschäftsbericht 2016«, Wirecard AG, 5. April 2017.
»Balance Sheet at 31st December 2006«, Wirecard (Gibraltar) Limited, Registry of Companies Gibraltar, 9. April 2010.
»Balance Sheet at 31st December 2008«, Wirecard (Gibraltar) Limited, Registry of Companies Gibraltar, 9. April 2010.
»Balance Sheet at 31st December 2010«, Wirecard (Gibraltar) Limited, Registry of Companies Gibraltar, 25. Mai 2011.
»Wirecard AG gibt Wechsel im Vorstand bekannt«, Wirecard AG, 2. Februar 2010: http://mobile.dgap.de/dgap/News/corporate/wirecard-gibt-wechsel-vorstand-bekannt/?newsID=614751.
»Financial Statements - For the financial year ended 31 December 2011«, Systems@Work PTE. LTD., 2012.
»Report of the Directors and Financial Statements for the financial year ended 31 December 2012«, Trans InfoTech PTE LTD., 2013.
»Jahresabschluss 2012«, Wirecard AG, 31. Dezember 2013, unter: »Jahresabschluss zum 31. Dezember 2006«, Wirecard AG, 2. Januar 2008, Bundesanzeiger.
»Jahresabschluss zum Geschäftsjahr vom 01.01.2013 bis zum 31.12.2013«, Wirecard AG, 20. August 2014, Bundesanzeiger.

第 8 章

»Jahresabschluss Einzelgesellschaft 31. Dezember 2015«, Wirecard AG, 8. April 2016, https://ir.wirecard.com/download/companies/wirecard/Hauptversammlung/JA_2015_WD_AG_HGB.pdf.
»Das 250-Millionen-Euro-Rätsel des Börsenwunders Wirecard«, manager magazin, 23. Februar 2017: https://www.manager-magazin.de/digitales/it/wirecard-das-250-millionen-euroraetsel-des-zahlungsdienstleisters-a-1135587.html.

第 9 章

»Insolvenzantragsverfahren über das Vermögen der Wirecard AG, Einsteinring 35, 85609 Aschheim«, Michael Jaffé, 20. August, 2020.
»Wirecard's suspect accounting practices revealed«, Dan McCrum, Financial Times, 15. Oktober 2019: https://www.ft.com/content/19c6be2a-ee67-11e9-bfa4-b25f11f42901.
»Home«, Senjo Group, Unternehmens-Webseite: https://www.senjogroup.com/.
Handelsregisterauszug Singapur Waltech Asia PTE. LTD., Accounting and

Corporate Regulatory Authority (ACRA), 2. Oktober 2014.
Handelsregisterauszug Singapur Bijlipay PTE. LTD., Accounting and Corporate Regulatory Authority (ACRA), 5. Juni 2020.
Handelsregisterauszug Singapur Citadelle Corporate Services PTE. LTD., Accounting and Corporate Regulatory Authority (ACRA), 29. Mai 2020.
»Wirecard Collapse: offshore accounts and shady transactions traced to Italy«, Irpimedia, 23. Juli 2020: https://irpimedia.irpi.eu/tag/wirecar/.
»Jahresabschluss zum Geschäftsjahr vom 01.01.2013 bis zum 31.12.2013«, Wirecard AG, 20. August 2014, Bundesanzeiger.
»Jahresabschluss zum Geschäftsjahr vom 01.01.2017 bis zum 31.12.2017«, Wirecard AG, 23. Mai 2018, Bundesanzeiger.
»Jahresabschluss zum Geschäftsjahr vom 01.01.2016 bis zum 31.12.2016«, Wirecard AG, 17. Mai 2017, Bundesanzeiger.
»Jahresabschluss zum Geschäftsjahr vom 01.01.2014 bis zum 31.12.2014«, Wirecard AG, 10. August 2015, Bundesanzeiger.
»Jahresabschluss zum Geschäftsjahr vom 01.01.2018 bis zum 31.12.2018«, Wirecard AG, 28. November 2019, Bundesanzeiger.
»Company Profile«, Al Alam Solutions, o. D.: https://web.archive.org/web/20141115012208/http://alalam-solutions.com/?page_id=148.
»Bericht über die unabhängige Sonderuntersuchung - Wirecard AG, München«, KPMG AG Wirtschaftsprüfungsgesellschaft, 27. April 2020.
»Dokumente des Zweifels«, WirtschaftsWoche, Nr. 8. 14. Februar 2020.
»About Waltech«, waltech PLC, 2007: https://web.archive.org/web/20090726112414/http://www.waltechplc.com/about.htm.
»PayEasy - Home«, PayEasy Solutions, 2011: https://web.archive.org/web/20111229043444/http://www.payeasy-solutions.com/.
»[Interview] Peter Stenslunde, Exec. Director, Wirecard, South Africa«, Africa Tech, 17. September 2018: https://africabusinesscommunities.com/tech/tech-features/interview-peter-stenslunde-exec-director-wirecard-south-africa/.
»Wirecard AG Aschheim - Prüfungsbericht zur Abschlussprüfung des Konzernabschlusses und zusammengefassten Lageberichts der Gesellschaft und des Konzerns«, Ernst & Young GmbH, 29. Juni 2020.
»Alle sind drauf reingefallen«, WirtschaftsWoche, 25. Juni 2020: https://www.wiwo.de/my/unternehmen/dienstleister/von-wegen-fake-news-kein-umsatz-kein-gewinn/25947562-3.html?ticket=ST-2835037-c4Wycbcyiuxx1ZFe4G1G-ap2.
»Life at Docler«, Docler, o. D.: https://lifeatdocler.com/.
»Über uns«, Docler Holding, o. D.: https://www.doclerholding.com/de/about/companies/.
»Former Wirecard Manager Died of Blood Poisoning in Manila: Bild«, Bloomberg, Richard Weiss, 9. August 2020: https://www.bloomberg.com/news/articles/2020-08-09/former-wirecard-manager-died-of-blood-poisoning-in-

manila-bild.
»Singapore charges Wirecard agent with falsification of accounts«, Financial Times, 9. August 2020: https://www.ft.com/content/d078b0c0-7764-433b-95a6-92d758dc66d9.

第 10 章

»Unter Wölfen«, Süddeutsche Zeitung, 19. Dezember 2019: https://www.sueddeutsche.de/wirtschaft/wirecard-spekulanten-boerse-london-1.4728610?reduced=true.
»Greenvale Capital LLP«, Companies House: https://find-and-update.companyinformation.service.gov.uk/company/OC398679.
»Hedgefonds machen dicht - Europas große Anbieter sind gefragt«, Die WELT, 6. Januar 2016: https://www.welt.de/newsticker/bloomberg/article150674524/Hedgefonds-machendicht-Europas-grosse-Anbieter-sind-gefragt.html.
»Was braucht ein neuer Hedgefonds, um zu überleben? 250 Millionen«, Institutional Money Kongress, 21. Juni 2019: https://www.institutional-money.com/news/maerkte/headline/was-braucht-ein-neuer-hedgefonds-um-zu-ueberleben-250-millionen-154062/.
»Jahresabschluss zum Geschäftsjahr vom 01.01.2015 bis zum 31.12.2015«, ConCardis GmbH, 17. August 2016, Bundesanzeiger.
»Wirecard und ALDI unterzeichnen MOU und vereinbaren Zusammenarbeit - Wirecard wird deutschlandweit die Abwicklung von Zahlungen mit Kreditkarten und internationalen Debitkarten am POS übernehmen«, Wirecard AG, 19. Juli 2019: https://www.presseportal.de/pm/15202/4327023.
»Das Ratsel um die deutschen Kunden von Wirecard«, Melanie Bergermann, WirtschaftsWoche, 20. Dezember 2018: https://www.wiwo.de/my/unternehmen/banken/zahlen-auf-dem-pruefstand-das-raetsel-um-die-deutschen-kunden-von-wirecard/23778922.html?ticket=ST-3298153-QamiTvabwJ0te4XFB2gM-ap2.
»Riding the Tiger In India's Enron: The Stunning Fall From Grace Of Satyam Founder Ramalinga Raju«, Harichandan Arakali, International Business Times, 10. April 2015: https://www.ibtimes.com/riding-tiger-indias-enron-stunning-fall-grace-satyam-founder-ramalinga-raju-1877187.
»Connected Commerce - Geschäftsbericht 2016«, Wirecard AG, 5. April 2017: http://ir.wirecard.de/download/companies/wirecard/Annual%20Reports/DE0007472060-JA-2016-EQ-D-02.pdf.
Dokumente des Zweifels., WirtschaftsWoche, Nr. 8. 14. Februar 2020.
»Iverview«, ICash, o. D.: https://www.icashcard.in/overview.
»Capital Markets Day 2016«, Wirecard AG, 4. Mai 2016: https://ir.wirecard.de/download/companies/wirecard/Presentations/CMD2016_complete_0405_final_websecured.pdf.
»Wirecard unterzeichnet Abkommen mit Weizmann Forex, um Western Union Geldtransfer-Services in Indien anzubieten - Wirecard setzt Expansion

in Indien fort«, Wirecard AG, 22. Juni 2017: https://www.presseportal.de/pm/15202/3666060.
»Wirecard AG - Concerns on quality of growth: downgrade to Equal-weight«, Morgan Stanley Research, 14. Dezember 2016.
»Wirecard AG Aschheim - Prüfungsbericht zur Abschlussprüfung des Konzernabschlusses und zusammengefassten Lageberichts der Gesellschaft und des Konzerns«, Ernst & Young GmbH, 29. Juni 2020.
»Schon im Januar erhob dieser Ex-Manager aus Indien schwere Vorwürfe gegen Wirecard«, Melanie Bergermann, Sascha Zastiral und Lukas Zdrzalek, WirtschaftsWoche, 22. Januar 2020: https://www.wiwo.de/my/unternehmen/dienstleister/millionen-nach-mauritiusschon-im-januar-erhob-dieser-ex-manager-aus-indien-schwere-vorwuerfe-gegen-wirecard/25459684.html?ticket=ST-5302928-bgx6UggoNZuNku7fQqX7-ap3.
»Digitise Now - Geschäftsbericht 2017«, Wirecard AG, 12. April 2018.
»Auf der Suche nach den ›Architekten‹«, Melanie Bergermann und Lukas Zdrzalek, WirtschaftsWoche, 10. Juli 2020: https://www.wiwo.de/my/unternehmen/dienstleister/zahlungsabwickler-wirecard-wirecards-mauritius-fonds-zweifelhafte-geschaefte/25988280-2.html.
»Marktmanipulation: Short-Attacken - Wie Anleger und Emittenten ins Visier von Manipulatoren geraten«, BaFin, 15. Mai 2017: https://www.bafin.de/SharedDocs/Veroeffentlichungen/DE/Fachartikel/2017/fa_bj_1705_Markmanipulation.html.
»Wirecard AG (WDI GR) «, Zatarra Research & Investigations, Februar 2016.
»Wirecard: wirecard-stellungnahme-maerz2016«, Wirecard AG.

第 11 章

»Wirecard AG / Preliminary Report on Corporate Governance«, Rajah & Tann, 4. Mai 2018.
»Digitise Now - Geschäftsbericht 2017«, Wirecard AG, 12. April 2018.
»Financial Statements - Year ended 31 December 2017«, Wirecard Asia Holding PTE., 31. Dezember 2018.
»Bleiben Sie im Fluss Ihres Erfolges - Synchronisieren Sie Ihr Business mit Wirecard - Geschäftsbericht 2015«, Wirecard AG, 7. April 2016.
»Wirecard AG Aschheim - Prüfungsbericht zur Abschlussprüfung des Konzernabschlusses und zusammengefassten Lageberichts der Gesellschaft und des Konzerns«, Ernst & Young GmbH, 29. Juni 2020.

第 12 章

»Wirecard AG steigt in DAX auf - TecDAX, MDAX und SDAX neu zusammengesetzt«, Andreas v. Brevern, Deutsche Börse, 5. September 2018: https://www.dax-indices.com/de/web/dax-indices/einzelheiten-zu-pressemitteilungen?articleId=1114052610.

»Transition To Tomorrow - Geschäftsbericht 2018«, Wirecard AG, 25. April 2019: https://ir.wirecard.com/download/companies/wirecard/Annual%20 Reports/DE0007472060-JA-2018-EQ-D-02.pdf.
»Geschichte«, Commerzbank, o. D.: https://www.commerzbank.de/de/hauptnavigation/presse/150_jahre/150_jahre___zeitstrahl/geschichte.html.
»Eine Frage der Technik«, Karsten Seibel, Welt am Sonntag, 29. Juli 2018.
»Wirecard CEO on DAX Entry, Growth Drivers, Company Outlook«, Bloomberg Markets and Finance, YouTube, 24. September 2018: https://www.youtube.com/watch?v=QoqNCom-Qqo.
»Wirecard AG Stellungnahme des Vorstandes 19.06.2020«, Ben Weisenstein, YouTube, 18. Juni 2020: https://www.youtube.com/watch?v=ceXYHhk9GQs&t=19s.
»The Future Of Intelligent Transport & Mobility (M. Braun, V. Hackl, G. Polzer, T. Goldstaub) | DLD 18«, DLDconference, YouTube, 25. Januar 2018: https://www.youtube.com/watch?v=eGHYUsmJo5M&t=1246s.
»Tränen in der Oper«, Der SPIEGEL, 7. Dezember 2019.
»Insolvenzantragsverfahren über das Vermögen der Wirecard AG, Einsteinring 35, 85609 Aschheim«, Michael Jaffé, 20. August, 2020.
»Wirecard erwirbt von der Citigroup Kundenportfolio für Kartenakzeptanz im asiatisch-pazifischen Raum«, Wirecard AG, 13. März 2017: https://www.dgap.de/dgap/News/adhoc/wirecard-erwirbt-von-der-citigroup-kundenportfolio-fuer-kartenakzeptanz-asiatischpazifischenraum/?newsID=991457.
»Bericht über die unabhängige Sonderuntersuchung - Wirecard AG, München«, KPMG AG Wirtschaftsprüfungsgesellschaft, 27. April 2020.
»Wirecard mausert sich zum Star der deutschen Finanzbranche«, Jörn Poltz, Reuters, 7. September 2018: https://de.reuters.com/article/deutschland-wirecard-idDEKCN1LN0JM.
»Wirecard hofft auf Tod der Ladenkasse«, WirtschaftsWoche, 12. April 2018: https://www.wiwo.de/zahlungsdienstleister-wirecard-hofft-auf-tod-der-ladenkasse/21168500.html.
»Wie der Wirecard-Chef zu ›Mr. Fintech‹ wurde«, Hans-Jürgen Jakobs, Handelsblatt, 16. August 2018: https://www.handelsblatt.com/finanzen/bankenversicherungen/markus-braun-wie-der-wirecard-chef-zu-mr-fintech-wurde/22919226.html?ticket=ST-3685685-kndavCnnagxCMjqlDHBv-ap2.
»Digitise Now - Geschäftsbericht 2017«, Wirecard AG, 12. April 2018.
»Transition To Tomorrow - Geschäftsbericht 2018«, Wirecard AG, 25. April 2019.
»Corporate News / Vision 2025«, Wirecard AG, 9. Oktober 2018: https://www.wirecard.com/uploads/tx_nenews/CN_2018_10_09_EN_Vision2025.pdf.
»Kapitalmarkttag in New York: Wirecard hebt Vision 2025 an«, Wirecard AG, 8. Oktober 2019: https://ir.wirecard.de/download/companies/wirecard/cmd/CN_2019_10_08_DE_Vision2025.pdf.

»Marktanteilssorgen belasten Wirecard«, FOCUS, 20. Dezember 2018: https://www.focus.de/finanzen/boerse/wirtschaftsticker/aktie-im-fokus-marktanteilssorgen-belasten-wirecard_id_10097223.html.

»Wie mächtig ist Wirecard wirklich? «, Melanie Bergermann, WirtschaftsWoche, 20. Dezember 2018: https://www.wiwo.de/unternehmen/banken/zahlungsabwickler-wie-maechtig-istwirecard-wirklich/23787060.html.

»Aktionärsstruktur«, Wirecard Ag, o. D.: https://web.archive.org/web/20181204061100/https://ir.wirecard.com/websites/wc/German/2000/aktie.html.

»Wirecard: Jetzt kann alles ganz schnell gehen«, Boerse.de, 20. November 2018: https://www.boerse.de/nachrichten/Wirecard-Jetzt-kann-alles-ganz-schnell-gehen/7978581.

»Wirecard«, Wallstreet Online, o. D.: https://www.wallstreet-online.de/aktien/wirecard-aktie/chart#t:free||s:lines||a:abs||v:week||ads:null.

»Half-Time of Digitalization? It's Only the 2nd Minute (Markus Braun) | DLD Munich 20«, DLDconference, YouTube, 20. Januar 2020: https://www.youtube.com/watch?v=8V2wbAQNUSs.

»Think Austria - die Denkfabrik des Kanzlers startet neu«, KURIER, 21. Januar 2020: https://kurier.at/wirtschaft/think-austria-die-denkfabrik-des-kanzlers-startet-neu/400732626.

»Schnorren, Schwärmen, Stimmung machen - was die Wirtschaftsbosse am Opernball treiben [Podcast] «, trend, 1. März 2019: https://www.trend.at/wirtschaft/opernball-wirtschaft-podcast-10668621.

»Offering Memorandum dated 9 September 2019«, Wirecard AG, 9. September 2019.

第 13 章

»Wirecard and me: Dan McCrum on exposing a criminal enterprise«, Dan McCrum, Financial Times, 3. September 2020: https://www.ft.com/content/745e34a1-0ca7-432c-b062-950c20e41f03.

»Executive at Wirecard suspected of using forged contracts«, Dan McCrum; Stefania Palma, Financial Times, 30. Januar 2019: https://www.ft.com/content/03a5e318-2479-11e9-8ce6-5db4543da632.

»Vorwürfe gegen Wirecard: Chronologie der Ereignisse«, boerse.ARD.de, 18. Juni 2020: https://boerse.ard.de/boersenwissen/boersengeschichte-n/wirecard-vs-ft-chronologie-derereignisse100.html.

»Wirecard Statement zum Artikel der Financial Times«, Wirecard AG, 31. Januar 2019: https://web.archive.org/web/20190202172719/https://ir.wirecard.com/websites/wc/German/3150/finanznachrichten.html?newsID=1750985.

»Wirecards Kurseinbruch wird zum Fall der Staatsanwaltschaft«, Christian Schnell, Handelsblatt, 31. Januar 2019: https://www.handelsblatt.com/finanzen/banken-versicherungen/zahlungsdienstleister-wirecards-kurseinbruch-

wird-zum-fall-der-staatsanwaltschaft/23932840.html?ticket=ST-3090338-eF5XBSZSM3kGK4AOngs2-ap4.
»Wirecard's law firm found evidence of forgery and false accounts«, Dan McCrum; Stefania Palma, Financial Times, 1. Februar 2019: https://www.ft.com/content/79f23db0-260d-11e9-8ce6-5db4543da632.
»Wirecard Statement zum Artikel der Financial Times«, Wirecard AG, 1. Februar 2019: https://web.archive.org/web/20190202172615/https://ir.wirecard.com/websites/wc/German/3150/finanznachrichten.html?newsID=1751411.
»Wirecard-Chef Braun - ›Es liegt alles auf dem Tisch‹«, manager magazin, 4. Februar 2019: https://www.manager-magazin.de/finanzen/boerse/wirecard-aktie-im-plus-nachkurssturz-markus-braun-wehrt-sich-gegen-ft-und-short-seller-a-1251436.html.
»Wirecard: inside an accounting scandal«, Dan McCrum; Stefania Palma, Financial Times, 7. Februar 2019: https://www.ft.com/content/d51a012e-1d6f-11e9-b126-46fc3ad87c65.
»Wirecard Statement 8. Februar 2019 (2) «, Onvista, 8. Februar 2019: https://www. onvista.de/news/wirecard-statement-8-februar-2019-2-186069321.
»Staatsanwaltschaft ermittelt gegen einen Financial-Times-Journalisten«, Henning Peitsmeier, FAZ, 18. Februar 2019: https://www.faz.net/aktuell/finanzen/wirecard-ermittlungengegen-financial-times-journalisten-16047237.html.
»Germany bans Wirecard ›shorting‹ as prosecutors probe FT journalist«, Arno Schuetze, Reuters, 18. Februar 2019: https://www.reuters.com/article/us-wirecard-stocks-idUSKCN1Q70GZ.
»German regulator files complaint on alleged Wirecard manipulation«, Olaf Storbeck, Financial Times, 16. April 2019: https://www.ft.com/content/8e1948be-6060-11e9-b285-3acd5d43599e.
»Wirecard AG: Allgemeinverfügung zum Verbot der Begrndung und Vergrößerung von Netto-Leerverkaufspositionen«, BaFin, 18. Februar 2019: https://www.bafin.de/SharedDocs/Veroeffentlichungen/DE/Meldung/2019/meldung_190218_Allg_Vfg_Wirecard_Verbot_Leerverkaufspositionen.html.
»Leerverkaufsverbot für Wirecard-Aktien lauft bald aus«, Markus Frühauf, FAZ, 14. April 2019: https://www.faz.net/aktuell/finanzen/finanzmarkt/leerverkaufsverbot-fuer-wirecardaktien-laeuft-bald-aus-16136755.html.
»Senior Wirecard executives approved transactions in fraud probe«, Dan McCrum; Stefania Palma, Financial Times, 21. März 2019: https://www.ft.com/content/24d958b6-4afe-11e9-bbc9-6917dce3dc62.
»Wirecard AG: Externe Untersuchung von Rajah & Tann ergibt keine wesentlichen Auswirkungen auf die Abschlüsse von Wirecard«, Wirecard AG, 26. März 2019: https://ir.wirecard.de/websites/wirecard/German/5110/nachrichtendetail.html?fromID=5000&newsID=1763461.
»Sondersitzung des BT-Finanzausschusses am 29. Juli 2020; Fragenkatalog des

Abg. Fabio de Masi (DIE LINKE) «, BaFin, 29. Juli 2020.
»Transition To Tomorrow - Geschäftsbericht 2018«, Wirecard AG, 25. April 2019.
»Wirecard AG Aschheim - Prüfungsbericht zur Abschlussprüfung des Konzernabschlusses und zusammengefassten Lageberichts der Gesellschaft und des Konzerns«, Ernst & Young GmbH, 29. Juni 2020.
»Verdacht der Marktmanipulation in Aktien der Wirecard AG«, BaFin, 9. April 2019.
»Den ›Elefanten aus dem Raum führen‹«, Melanie Bergermann, WirtschaftsWoche, 25. April 2019: https://www.wiwo.de/my/finanzen/boerse/wirecard-den-elefanten-aus-dem-raumfuehren/24255976.html?ticket=ST-4208194-oCV6mBbtxPKD7cs1TFpj-ap2.
»Wirecard AG: Wirecard und SoftBank besiegeln strategische Kooperationsvereinbarung«, Wirecard AG, 18. September 2019: https://ir.wirecard.de/websites/wirecard/German/5110/nachrichtendetail.html?fromID=5000&newsID=1825475.
»Wirecard Aktie«, Finanzen.net, o. D.: https://www.finanzen.net/historische-kurse/wirecard.
»Beteiligung durch die Hintertür: Softbank ist nicht direkt bei Wirecard eingestiegen«, Christian Schnell, Handelsblatt, 15. November 2019: https://www.handelsblatt.com/finanzen/banken-versicherungen/zahlungsdienstleister-beteiligung-durch-die-hintertuer-softbank-ist-nicht-direktbei-wirecard-eingestiegen/25232756.html?ticket=ST-4219317-7mUuC0EQUgKTNLhnOdLF-ap2.
»Investor Presentation - Market Entry China«, Wirecard AG, 6. November 2019: https://ir.wirecard.com/download/companies/wirecard/Presentations/WDI_Investor_
Presentation_9M2019.pdf.
»Where is the €267m«, MCA Mathematik, 23. Juli 2019: https://www.mcamathematik.com/where-is-the-267m.
»Bericht über die unabhängige Sonderuntersuchung - Wirecard AG, München«, KPMG AG Wirtschaftsprüfungsgesellschaft, 27. April 2020.
»Financial Statements - For the period from 27 March 2019 (incorporation) to 31 December 2019«, OCAP Securitization Luxembourg S.A., 30. April 2020.
»Was treiben Wirecards Partner in Dubai? Eine Spurensuche«, Melanie Bergermann; Volker ter Haseborg, WirtschaftsWoche, 13. Dezember 2019: https://www.wiwo.de/my/unternehmen/dienstleister/tausend-und-ein-zweifel-die-verschwundenen-millionen/25325780-3.html?ticket=ST-1959225-ByAEbL5l4zBYPPvvPaqE-ap1.
»Media Briefing - Reverse Takeover of CPH Ltd. «, Ocap, 22. November 2018.

第 14 章

»Alexander von Knoop«, Wirecard AG, o. D.: https://www.wirecard.com/de/company/vita/alexander-von-knoop.

»Auf der Jagd nach Dr. No«, Der SPIEGEL, 18. Juli 2020: https://magazin.spiegel.de/SP/2020/30/172071795/index.html.

»Wirecard's suspect accounting practices revealed«, Dan McCrum, Financial Times, 15. Oktober 2019: https://www.ft.com/content/19c6be2a-ee67-11e9-bfa4-b25f11f42901.

»Wirecard and me: Dan McCrum on exposing a criminal enterprise«, Dan McCrum, Financial Times, 3. September 2020: https://www.ft.com/content/745e34a1-0ca7-432c-b062-950c20e41f03.

»Wirecard bestätigt Einschaltung externer Ermittler im Jahr 2016«, Felix Holtermann; Christian Schnell, Handelsblatt, 11. Dezember 2019: https://www.handelsblatt.com/finanzen/banken-versicherungen/zahlungsdienstleister-wirecard-bestaetigt-einschaltung-externer-ermittler-imjahr-2016/25322176.html?ticket=ST-2259572-kcm10Q0rGEWqtonZfsdZ-ap6.

»Wirecard critics targeted in London spy operation«, Paul Murphy, Financial Times, 11. Dezember 2019: https://www.ft.com/content/d94c938e-1a84-11ea-97df-cc63de1d73f4.

»Tonbandaufnahmen machen Wirecard-Streit mit ›Financial Times‹ zum beispiellosen Krimi«, Sonke Iwersen; Felix Holtermann, Handelsblatt, 22. Juli 2019: https://www.handelsblatt.com/finanzen/banken-versicherungen/zahlungsdienstleistertonbandaufnahmen-machen-wirecard-streit-mit-financial-times-zum-beispiellosen-krimi/24687366.html?ticket=ST-230301-NdeI9eAMEoQe1NDsOUsY-ap4.

»›Financial Times‹ wehrt sich gegen Vorwürfe von Wirecard«, Reuters, 23. Juli 2019: https://br.reuters.com/article/deutschland-wirecard-idDEKCN1UI1NA.

»Was treiben Wirecards Partner in Dubai? Eine Spurensuche«, Melanie Bergermann; Volker ter Haseborg, WirtschaftsWoche, 13. Dezember 2019: https://www.wiwo.de/my/unternehmen/dienstleister/tausend-und-ein-zweifel-die-verschwundenen-millionen/25325780-3.html?ticket=ST-1959225-ByAEbL5l4zBYPPvvPaqE-ap1.

»Bericht über die unabhängige Sonderuntersuchung - Wirecard AG, München«, KPMG AG Wirtschaftsprüfungsgesellschaft, 27. April 2020.

»Insolvenzantragsverfahren über das Vermögen der Wirecard AG, Einsteinring 35, 85609 Aschheim«, Michael Jaffé, 20. August, 2020.

»Integration von Alipay am Flughafen«, Wirecard AG, o. D.: https://www.wirecard.com/de/knowledge-hub/case-studies/alipay-am-flughafen-muenchen.

»Wirecard AG gibt Markteintritt in China bekannt«, Wirecard AG, 5. November 2019: https://ir.wirecard.de/websites/wirecard/German/5110/nachrichtendetail.html?newsID=1847619&fromID=4000.

»Das sind die Köpfe der Wirecard-Affare«, Nils Wischmeyer, Süddeutsche

Zeitung, 29. Juli 2020: https://www.sueddeutsche.de/wirtschaft/wirecard-marsalek-finanzskandal-1.4982399.
»Sondersitzung des BT-Finanzausschusses am 29. Juli 2020; Fragenkatalog des Abg. Fabio de Masi (DIE LINKE) «, BaFin, 29. Juli 2020.
»Blind vor Stolz«, Der SPIEGEL, 25. Juli 2020: https://magazin.spiegel.de/SP/2020/31/172178893/index.html.
»Anfrage zum Plenum des Herrn Abgeordneten Dr. Martin Runge (BÜNDNIS 90/DIE GRÜNEN) betreffend Fragen im Zusammenhang mit der Aufsicht über die Wirecard AG und mit einschlägigen Ermittlungs- und Strafverfolgungsmasnahmen IV«, Bayerisches Staatsministerium für Wirtschaft, Energie, Landesentwicklung und Energie, 24. September 2020.
»Investor Presentation - Market Entry China«, Wirecard AG, 6. November 2019: https://ir.wirecard.com/download/companies/wirecard/Presentations/WDI_Investor_Presentation_9M2019.pdf.
»Indikatioren zum Insiderprofil«, 9. März 2016.
»Project Panther - Discussion Document«, McKinsey & Company, 15. November 2019.

第15章

»Lebenslauf - Thomas Eichelmann«, Wirecard AG, o. D.: https://ir.wirecard.com/download/companies/wirecard/Hauptversammlung/CV_Eichelmann_D_190509.pdf.
»Was nun, Mister Wirecard? «, Melanie Bergermann, Volker ter Haseborg und Lukas Zdrzalek, 28. Mai 2020: https://www.wiwo.de/my/unternehmen/dienstleister/markus-braun-unter-druck-die-spur-fuehrt-in-die-wueste/25866770-2.html?ticket=ST-4605938-nnBZZwugdmUtUPYPfege-ap2.
»Lebenslauf - Stefan Klestil«, Wirecard AG, o. D.: https://www.wirecard.com/uploads/company/Supervisory/cv-klestil-de.pdf.
»Einladung zur ordentlichen Hauptversammlung der Wirecard AG«, Wirecard AG, Mai 2019: https://ir.wirecard.com/download/companies/wirecard/Hauptversammlung/1_DE_Einladung_HV_2019.pdf.
»Curriculum Vitae - Wulf Matthias«, Wirecard AG, o. D.: https://www.wirecard.com/uploads/cv-wulf-matthias-en.pdf.
»Am Puls der Zukunft - Geschäftsbericht 2011«, Wirecard AG, 17. April 2012.
»Erfolgreich in unsicheren Zeiten - Jahresbericht 2010«, Deutsche Bank, April 2011: https://geschaeftsbericht.deutsche-bank.de/2010/gb/serviceseiten/downloads/files/dbfy2010_gesamt.pdf.
»Bleiben Sie im Fluss Ihres Erfolges - Synchronisieren Sie Ihr Business mit Wirecard - Geschäftsbericht 2015«, Wirecard AG, 7. April 2016.
»Intelligente Synergien - Geschäftsbericht 2009«, Wirecard AG, 15. April 2010.
»Wulf Matthias«, Salzburg Foundation, o. D.: http://salzburgfoundation.at/salzburg-foundation/vorstand-und-kuenstlerische-leitung/wulf-matthias/.

»Wirecard chairman dismisses calls for independent audit«, Olaf Storbeck und Dan McCrum, Financial Times, 18. Oktober 2019: https://www.ft.com/content/224cfe3a-f1bc-11e9-ad1e-4367d8281195.
»Wirecard AG beauftragt unabhängige Prüfung«, Wirecard AG, 21. Oktober 2019: https://www.dgap.de/dgap/News/corporateall/wirecard-beauftragt-unabhaengige-pruefung/?companyID=438&newsID=1209727.
»Wechsel an der Spitze des Aufsichtsrats der Wirecard AG - Wulf Matthias tritt vom Vorsitz des Gremiums zurück - Thomas Eichelmann übernimmt Leitung«, Wirecard AG, 10. Januar 2020: https://www.dgap.de/dgap/News/corporate/wechsel-der-spitze-des-aufsichtsrats-derwirecard-wulf-matthias-tritt-vom-vorsitz-des-gremiums-zurueck-thomas-eichelmann-uebernimmtleitung/?newsID=1256859.
»Ex-Wirecard-Chef lieh sich Millionen von Wirecard-Tochter«, Der SPIEGEL, 16. Juli 2020: https://www.spiegel.de/wirtschaft/ex-wirecard-chef-lieh-sich-millionen-von-wirecard-tochter-a-39aa45e9-5156-4365-880f-25bb1c67de31.
»Einladung zur ordentlichen Hauptversammlung«, Wirecard AG, 10. Mai 2016: http://mobile.dgap.de/dgap/News/hauptversammlung/wirecard-bekanntmachung-dereinberufung-zur-hauptversammlung-muenchen-mit-dem-ziel-der-europaweiten-verbreitung-gemaessaktg/?newsID=939727.
»Einladung zur Hauptversammlung«, Wirecard AG, Mai 2018: https://ir.wirecard.com/download/companies/wirecard/Hauptversammlung/07_01_DE_HV_Einladungsbroschuere_2018_DE.pdf.
»Personelle Veränderung im Aufsichtsrat der Wirecard AG«, Wirecard AG, 29. April 2020: https://www.dgap.de/dgap/News/corporate/personelle-veraenderung-aufsichtsrat-der-wirecard-ag/?newsID=1324465.
»Executive Committee«, Galp, o. D.: https://www.galp.com/corp/en/corporate-governance/governing-model-and-bodies/executive-committee.
»Aufsichtsrätin verlässt offenbar Wirecard«, Melanie Bergermann, WirtschaftsWoche, 22. April 2020: https://www.wiwo.de/unternehmen/industrie/susana-quintana-plazaaufsichtsraetin-verlaesst-offenbar-wirecard/25764516.html.
»Lebenslauf - Vuyiswa V. M'Cwabeni«, Wirecard AG, o. D.: https://www.wirecard.com/fileadmin/user_upload/wirecard/company/de/management/dokumente/Lebenslauf_Vuyiswa_V__MCwabeni_Deutsch.pdf.
»Krieg der Sternchen im Wirecard-Aufsichtsrat«, Sven Clausen, manager magazin, 21. August 2019: https://www.manager-magazin.de/unternehmen/wirecard-ag-erbitterter-streit-um-nachfolge-von-wulf-matthias-a-434eac93-8f9d-49ab-8b41-b539f29ccc4b.
»Bericht über die unabhängige Sonderuntersuchung - Wirecard AG, München«, KPMG AG Wirtschaftsprüfungsgesellschaft, 27. April 2020.
»Wirecard-Chef Markus Braun: ›Alle Umsätze sind authentisch‹«, Felix Holtermann und Michael Maisch, Handelsblatt, 4. November 2019: https://

www.handelsblatt.com/finanzen/banken-versicherungen/interview-wirecard-chef-markus-braun-alle-umsaetze-sindauthentisch/25180108.html?ticket=ST-3778433-5271lIzAXQR4NeuAHi1t-ap1.
»Wirecard beauftragt unabhängige Prüfung«, Wirecard AG, 21. Oktober 2019: https://www.presseportal.de/pm/15202/4409176.

第 16 章

»Wirecard - was für eine Klitsche«, Katharina Slodczyk, manager magazin, 29. April 2020: https://www.manager-magazin.de/unternehmen/banken/wirecard-freispruch-durchkpmg-bericht-auf-ganzer-linie-gescheitert-a-1306623.html.
»Sonderprüfer können wichtige Fragen nicht klären«, Süddeutsche Zeitung, 28. April 2020: https://www.sueddeutsche.de/wirtschaft/wirecard-kpmg-bericht-1.4891170.
»Alle sind drauf reingefallen«, WirtschaftsWoche, 25. Juni 2020: https://www.wiwo.de/my/unternehmen/dienstleister/von-wegen-fake-news-kein-umsatz-kein-gewinn/25947562-3.html?ticket=ST-2835037-c4Wycbcyiuxx1ZFe4G1G-ap2.
»Bericht über die unabhängige Sonderuntersuchung - Wirecard AG, München«, KPMG AG Wirtschaftsprüfungsgesellschaft, 27. April 2020.
»Wirecard AG Aschheim - Prüfungsbericht zur Abschlussprüfung des Konzernabschlusses und zusammengefassten Lageberichts der Gesellschaft und des Konzerns«, Ernst & Young GmbH, 29. Juni 2020.
»Der verschwundene Treuhänder«, Tim Bartz, Der SPIEGEL, 21. Juni 2020: https://www.spiegel.de/wirtschaft/unternehmen/wirecard-bilanzskandal-der-verschwundene-treuhaender-a-132dd2f2-8229-4a78-895d-eb67bb481734.
»Duterte fires DOTr official for allegedly dealing with his sister«, Pia Ranada, Rappler, 21. Mai 2018: https://www.rappler.com/nation/duterte-fires-transportation-assistant-secretary-mark-tolentino.
»Wirecard ›trustee‹ Tolentino: I'm a victim of a frame-up, identity theft«, Ralf Rivas, Rappler, 23. Juni 2020: https://www.rappler.com/business/wirecard-trustee-mark-tolentino-says-victim-frame-up-identity-theft.
»Wirecard is not a client of BDO«, BDO, Juni 2020: https://www.bdo.com.ph/official-statement-wirecard-issue.
»BPI suspends junior officer over fake document vetting Wirecard's money«, Melissa Luz Lopez, CNN Philippines, 22. Juni 2020: https://www.cnnphilippines.com/business/2020/6/22/BPI-suspends-assistant-manager-Wirecard-scandal.html.
»Wirecard Probe in Philippines Focuses on Two Bankers Who May Have Forged Documents«, Feliz Solomon, The Wall Street Journal, 23. Juli 2020: https://www.wsj.com/articles/wirecard-probe-in-philippines-focuses-on-two-bankers-who-may-have-forged-documents-11595501058.
»Philippines probes 57 persons of interest over Wirecard scandal«, Reuters,

11. September 2020: https://www.reuters.com/article/us-wirecard-accounts-philippines-idUSKBN2621A2.
»Wirecard AG: Sonderuntersuchung von KPMG«, Wirecard AG, 12. März 2020: https://www.dgap.de/dgap/News/adhoc/wirecard-sonderuntersuchung-von-kpmg/?newsID=1293371.
»Wirecard AG: Sonderuntersuchung von KPMG dauert bis 27. April 2020 an. Untersuchung liefert bislang keine Belege für Bilanzmanipulation«, Wirecard AG, 22. April 2020: https://www.dgap.de/dgap/News/adhoc/wirecard-sonderuntersuchung-vonkpmg-dauert-bis-april-untersuchung-liefert-bislang-keine-belege-fuer-bilanzmanipulation/?newsID=1319803.
»›Fake News‹«, Melanie Bergermann et al., WirtschaftsWoche, 26. Juni 2020.

第 17 章

»Was nun, Mister Wirecard? «, Melanie Bergermann, Volker ter Haseborg und Lukas Zdralek, WirtschaftsWoche, 28. Mai 2020: https://www.wiwo.de/my/unternehmen/dienstleister/markus-braun-unter-druck-was-nun-mister-wirecard/25866770.html.
»Connected Commerce - Geschäftsbericht 2016«, Wirecard AG, 5. April 2017.
»Digitise Now - Geschäftsbericht 2017«, Wirecard AG, 12. April 2018.
»Transition To Tomorrow - Geschäftsbericht 2018«, Wirecard AG, 25. April 2019.
»Bericht über die unabhängige Sonderuntersuchung - Wirecard AG, München«, KPMG AG Wirtschaftsprüfungsgesellschaft, 27. April 2020.
»›Wir fordern den Rücktritt von Markus Braun‹«, Melanie Bergermann und Lukas Zdrzalek, WirtschaftsWoche, 6. Mai 2020: https://www.wiwo.de/unternehmen/banken/deka-wir-fordern-den-ruecktritt-von-markus-braun/25806868.html.
»Die Dynamik des Digitalen - Geschäftsbericht 2010«, Wirecard AG, April 2011.
»Insolvenzantragsverfahren über das Vermögen der Wirecard AG, Einsteinring 35, 85609 Aschheim«, Michael Jaffé, 20. August, 2020.
»Kurz bevor alles aufflog, holte sich Wirecard noch frisches Geld«, Melanie Bergermann und Cornelius Welp, WirtschaftsWoche, 2. Juli 2020: https://www.wiwo.de/my/unternehmen/dienstleister/bilanzskandal-kurz-bevor-alles-aufflog-holte-sich-wirecard-noch-frisches-geld/25968524.html.
»Wirecard AG: Veröffentlichung des Konzernabschlusses am 18. Juni 2020; Konzernabschlussprüfung 2019 bislang ohne wesentliche Feststellungen; Unternehmen erwartet ein uneingeschränktes Testat«, Wirecard AG, 25. Mai 2020: https://www.dgap.de/dgap/News/corporate/wirecardveroeffentlichung-des-konzernabschlusses-juni-konzernabschlusspruefung-bislang-ohne-wesentlichefeststellungen-unternehmen-erwartet-ein-uneingeschraenktes-testat/?newsID=1339787.
»Ermittlungen in Zusammenhang mit Ad-hoc-Meldungen der Wirecard

AG«, Wirecard AG, 5. Juni 2020: https://www.dgap.de/dgap/News/adhoc/ermittlungen-zusammenhang-mit-adhocmeldungen-der-wirecard-ag/?newsID=1347305.

»Geschäftsräume von Wirecard durchsucht«, Die ZEIT, 5. Juni 2020: https://www.zeit.de/wirtschaft/unternehmen/2020-06/wirecard-verdacht-marktmanipulation-staatsanwaltschaft-geschaeftsraeume.

»Wirecard AG Aschheim - Prüfungsbericht zur Abschlussprüfung des Konzernabschlusses und zusammengefassten Lageberichts der Gesellschaft und des Konzerns«, Ernst & Young GmbH, 29. Juni 2020.

»Wirecard AG: Date for publication of annual and consolidated financial statements 2019 delayed due to indications of presentation of spurious balance confirmations«, Wirecard AG, 18. Juni 2020: https://ir.wirecard.com/websites/wirecard/English/5110/news-detail.html?newsID=1984117&fromID=5000.

»Wirecard AG: Veröffentlichungstermin für Jahres- und Konzernabschluss 2019 verschoben wegen Hinweisen auf Vorlage unrichtiger Saldenbestätigungen«, Wirecard AG, 18. Juni 2020: https://mobile.dgap.de/dgap/News/adhoc/wirecard-veroeffentlichungstermin-fuer-jahres-undkonzernabschluss-verschoben-wegen-hinweisen-auf-vorlage-unrichtiger-saldenbestaetigungen/?newsID=1353559.

»Wirecard AG: Wirecard AG verschiebt Jahresabschluss 2019«, Wirecard AG, 18. Juni 2020: https://www.dgap.de/dgap/News/corporate/wirecard-wirecard-verschiebt-jahresabschluss/?newsID=1353571.

»Wirecard AG: Personalien: Vorstandsmitglied Jan Marsalek widerruflich freigestellt - James Freis, Jr. mit sofortiger Wirkung zum Compliance-Vorstand ernannt«, Wirecard AG, 18. Juni 2020: https://ir.wirecard.de/websites/wirecard/German/5110/nachrichtendetail.html?newsID=1984745&fromID=5000.

»Wirecard AG Stellungnahme des Vorstandes, 19.06.2020«, Ben Weisenstein, YouTube, 18. Juni 2020: https://www.youtube.com/watch?v=ceXYHhk9GQs.

»Wirecard plante Bank in den USA«, Caspar Tobias Schlenk und Thomas Steinmann, Capital, 15. September 2020: https://www.capital.de/wirtschaft-politik/wirecard-plante-bank-in-den-usa.

»Markus Braun tritt mit sofortiger Wirkung als Vorstand zurück; James Freis zum Interims-CEO berufen«, Pressebox, 19. Juni 2020: https://www.pressebox.de/inaktiv/wirecard-ag-aschheim/Markus-Braun-tritt-mit-sofortiger-Wirkung-als-Vorstand-zurueck-James-Freis-zum-Interims-CEO-berufen/boxid/1011295#:~:text=Markus%20Braun%20ist%20heute%20im,Freis%2C%20Jr.

»Wirecard AG: Stellungnahme des Vorstands zur aktuellen Lage des Unternehmens«, Wirecard AG, 22. Juni 2020: https://www.dgap.de/dgap/News/adhoc/wirecard-stellungnahme-des-vorstands-zur-aktuellen-lage-des-unternehmens/?newsID=1355035.

»Ehemaliger Vorstandsvorsitzender der Wirecard AG festgenommen«, Staatsanwaltschaft München I, 23. Juni 2020: https://www.justiz.bayern.de/

gerichte-und-behoerden/staatsanwaltschaft/muenchen-1/presse/2020/4.php.
»Wirecard AG: Jan Marsalek als Vorstand abberufen, Anstellungsvertrag außerordentlich gekündigt«, Wirecard AG, 22. Juni 2020: https://ir.wirecard.de/websites/wirecard/German/5110/nachrichtendetail.html?newsID=1986081&fromID=5000.
»Ex-Wirecard-Chef Braun kommt gegen Millionenkaution frei«, BR, 23. Juni 2020, online abrufbar unter: https://www.br.de/nachrichten/wirtschaft/ex-wirecard-chef-braun-kommt-gegen-kaution-frei,S2BFF2p.
»Philippinen - Einreise-Unterlagen von Ex-Wirecard-Manager Marsalek gefälscht«, Reuters, 6. Juli 2020: https://de.reuters.com/article/philippinen-wirecard-idDEKBN2470GT.
»Beamte fälschten Reisedaten von Marsalek«, ORF, 13. August 2020: https://orf.at/stories/3177284/.
»Wirecard AG: Antrag auf Eröffnung eines Insolvenzverfahrens«, Wirecard AG, 25. Juni 2020: https://ir.wirecard.de/websites/wirecard/German/5110/nachrichtendetail.
html?newsID=1988249&fromID=5000.
»Wirecard AG: Kündigung Anstellungsvertrag Dr. Markus Braun«, Wirecard AG, 30. Juni 2020: https://ir.wirecard.de/websites/wirecard/German/5110/nachrichtendetail.html?newsID=1991753&fromID=1000.
»Wirecard ex-COO Marsalek's entry into Philippines was faked, minister says«, Reuters, 4. Juli 2020: https://de.reuters.com/article/us-wirecard-accounts-philippines/wirecard-ex-coo-marsaleks-entry-into-philippines-was-faked-minister-says-idUSKCN2450A0.
»Weitere Festnahmen in Sachen Wirecard, Ausweitung der Ermittlungen auf gewerbsmäßigen Bandenbetrug über ca. 3,2 Mrd. Euro«, Staatsanwaltschaft München I, 22. Juli 2020: https://www.justiz.bayern.de/gerichte-und-behoerden/staatsanwaltschaft/muenchen-1/presse/2020/5.php.
»Wirecard AG: Veröffentlichungstermin für Jahres- und Konzernabschluss 2019 verschoben wegen Hinweisen auf Vorlage unrichtiger Saldenbestätigungen«, Wirecard AG, 18. Juni 2020: https://ir.wirecard.de/websites/wirecard/German/5110/nachrichtendetail.html?newsID=1984119&fromID=5000.

國家圖書館出版品預行編目資料

歐陸最瘋狂金融風暴：威卡騙局 / 沃克・泰哈則伯格 (Volker ter Haseborg), 梅蘭妮・貝格曼 (Melanie Bergermann) 著 ; 彭意梅譯 . -- 初版 . -- 臺北市 : 商周出版 : 英屬蓋曼群島商家庭傳媒股份有限公司城邦分公司發行 , 2022.02
面； 公分 . --(生活視野 ; 31)
譯自 : Die Wirecard-Story : Die Geschichte einer Milliarden-Lüge.

ISBN 978-626-318-134-2(平裝)

1.CST: 威卡金融科技公司 2.CST: 金融公司 3.CST: 金融犯罪 4.CST: 德國

548.545　　110022666

歐陸最瘋狂金融風暴：威卡騙局

Die Wirecard-Story: Die Geschichte einer Milliarden-Lüge

作　　者／沃克・泰哈則伯格Volker ter Haseborg、梅蘭妮・貝格曼Melanie Bergermann
譯　　者／彭意梅
責任編輯／余筱嵐

版　　權／劉鎔慈、吳亭儀、林易萱
行銷業務／林秀津、周佑潔、黃崇華
總 編 輯／程鳳儀
總 經 理／彭之琬
發 行 人／何飛鵬
法律顧問／元禾法律事務所　王子文律師
出　　版／商周出版
台北市104民生東路二段141號9樓
電話：(02) 25007008　傳真：(02)25007759
E-mail：bwp.service@cite.com.tw
Blog：http://bwp25007008.pixnet.net/blog
發　　行／英屬蓋曼群島商家庭傳媒股份有限公司 城邦分公司
台北市中山區民生東路二段141號2樓
書虫客服服務專線：02-25007718；25007719
服務時間：週一至週五上午 09:30-12:00；下午 13:30-17:00
24 小時傳真專線：02-25001990；25001991
劃撥帳號：19863813；戶名：書虫股份有限公司
讀者服務信箱：service@readingclub.com.tw
城邦讀書花園：www.cite.com.tw
香港發行所／城邦（香港）出版集團有限公司
香港灣仔駱克道193號東超商業中心1樓；E-mail：hkcite@biznetvigator.com
電話：(852) 25086231　傳真：(852) 25789337
馬新發行所／城邦（馬新）出版集團 Cite (M) Sdn. Bhd.
41, Jalan Radin Anum, Bandar Baru Sri Petaling, 57000 Kuala Lumpur, Malaysia.
Tel: (603) 90578822　Fax: (603) 90576622　Email: cite@cite.com.my

封面設計／徐璽設計工作室
排　　版／邵麗如
印　　刷／韋懋印刷事業有限公司
總 經 銷／聯合發行股份有限公司
電話：(02)2917-8022　傳真：(02)2911-0053
地址：新北市231新店區寶橋路235巷6弄6號2樓

■2022年2月24日初版
定價450元

Printed in Taiwan

城邦讀書花園
www.cite.com.tw

商周出版

廣　告　回　函
北區郵政管理登記證
北臺字第000791號
郵資已付，免貼郵票

104　台北市民生東路二段141號2樓

英屬蓋曼群島商家庭傳媒股份有限公司城邦分公司　收

請沿虛線對摺，謝謝！

商周出版

書號：BH2031　書名：歐陸最瘋狂金融風暴：威卡騙局　編碼：

請於此處用膠水黏貼

商周出版

讀者回函卡

線上版讀者回函卡

感謝您購買我們出版的書籍！請費心填寫此回函卡，我們將不定期寄上城邦集團最新的出版訊息。

姓名：＿＿＿＿＿＿＿＿＿＿＿＿＿＿＿＿ 性別：□男 □女

生日：西元＿＿＿＿＿＿年＿＿＿＿＿＿月＿＿＿＿＿＿日

地址：＿＿＿＿＿＿＿＿＿＿＿＿＿＿＿＿＿＿＿＿

聯絡電話：＿＿＿＿＿＿＿＿＿＿ 傳真：＿＿＿＿＿＿＿＿＿＿

E-mail ：

學歷：□ 1. 小學 □ 2. 國中 □ 3. 高中 □ 4. 大學 □ 5. 研究所以上

職業：□ 1. 學生 □ 2. 軍公教 □ 3. 服務 □ 4. 金融 □ 5. 製造 □ 6. 資訊

□ 7. 傳播 □ 8. 自由業 □ 9. 農漁牧 □ 10. 家管 □ 11. 退休

□ 12. 其他＿＿＿＿＿＿＿＿＿＿

您從何種方式得知本書消息？

□ 1. 書店 □ 2. 網路 □ 3. 報紙 □ 4. 雜誌 □ 5. 廣播 □ 6. 電視

□ 7. 親友推薦 □ 8. 其他＿＿＿＿＿＿＿＿＿＿

您通常以何種方式購書？

□ 1. 書店 □ 2. 網路 □ 3. 傳真訂購 □ 4. 郵局劃撥 □ 5. 其他＿＿＿＿

您喜歡閱讀那些類別的書籍？

□ 1. 財經商業 □ 2. 自然科學 □ 3. 歷史 □ 4. 法律 □ 5. 文學

□ 6. 休閒旅遊 □ 7. 小說 □ 8. 人物傳記 □ 9. 生活、勵志 □ 10. 其他

對我們的建議：＿＿＿＿＿＿＿＿＿＿＿＿＿＿＿＿＿＿＿＿

＿＿＿＿＿＿＿＿＿＿＿＿＿＿＿＿＿＿＿＿

＿＿＿＿＿＿＿＿＿＿＿＿＿＿＿＿＿＿＿＿

請於此處用膠水黏貼